法然と大乗仏教

平岡聡

法藏館

法然と大乗仏教＊目次

凡　例

（一）歴史的 Buddha、すなわち釈迦牟尼（＝ガウタマ・シッダールタ／ゴータマ・シッダッタ）仏は「ブッダ」とカタカナ表記し、その他の Buddha は「仏」と漢字表記する。ただし、慣用表現については、「ブッダの滅後」ではなく「仏滅後」、「ブッダの弟子」ではなく「仏弟子」と漢字で表記する。

（二）経典名等の表記について、〈 〉括弧でくくる場合は、その経典の総称を意味する。つまり、〈無量寿経〉はインド原典・チベット訳・漢訳などをすべて含んだ総称、また『無量寿経』は康僧鎧訳の漢訳経典を意味し、両者を区別する。

（三）漢数字の表記は、慣用表現（第十八願・千中無一など）や引用を除き、単なる数字を表す場合（年号など）は「百三十五」ではなく「一三五」等と表記する。

法然と大乗仏教

はじめに

宗教と政治の話は厄介だ。こじれると、殺人にも発展しかねない。とくに宗教は個人のアイデンティティに深く根ざしているので、それが傷つけられたり蔑《ないがし》ろにされれば、殺人どころか大規模な戦争にまで発展しかねない。仏教は寛容な宗教だが、それでも自分の信仰する教祖が軽《かろ》んじられれば、黙ってはいられなくなる。

現在の日本の宗派仏教は鎌倉時代に起源を持つものが多い。それは、浄土系（浄土宗・浄土真宗・時宗など）、禅系（臨済宗・曹洞宗など）、そして法華系（日蓮宗など）の三つに大別できるが、その中でも浄土系が信者の多さで突出している。とりわけ浄土真宗の勢力は、浄土真宗本願寺派（西）と真宗大谷派（東）とを合わせると絶大であろう。その浄土真宗の宗祖は親鸞だが、親鸞は浄土宗を開いた法然の弟子であった。

師弟関係で見れば、法然が師匠で親鸞が弟子だが、現在の勢力図では浄土真宗が浄土宗を凌《しの》いでいる。この現状を反映してか、少し前、法然と親鸞をめぐる教科書の記述問題が取り沙汰《ざた》されたのをご存じだろうか。高校の倫理の教科書で、大半の記述は「親鸞が師匠である法然の教えを〝徹底〟または〝発展〟させた」と解説する。

これに対し浄土宗は、「これでは、法然の教えが不徹底で未完成と受け取られる」と抗議し、浄土宗の山本正廣教学局長（当時）は「伝統仏教の各教団にはそれぞれ完成した教義があるのに、現状は公教育の場で優劣をつけかねない事態になっている。発行元にはバランスの取れた記述に変えてもらいたい」と訴える。これに対し、本願寺派も大谷派も「不適当とはいえない」とコメントするが、出版元の反応はまちまちだ。

戦争にまでは発展しないだろうが、宗祖を軽んじられた反応としては充分に理解できる。宗教は個人のアイデンティティにかかわる問題であるから、理屈を超えたところで感情が反応してしまうのだろう。私も浄土宗僧侶という立場（ただし端くれ）にある以上、法然擁護の論陣を張るべきなのかもしれない。

しかし残念ながら、私は日本史の研究者ではないし、浄土教学や浄土宗学の専門家でもないので、親鸞が法然の教えを〝徹底〟させたかどうか、また〝発展〟させたかどうかについて、歴史的あるいは教学的な観点から明解な判断や評価を下せない（なお、本書では深く立ち入らないが、この教科書問題に一つの解決を与える好著として、山本［二〇一四］を紹介しておく）。

それは日本史の専門家や宗学者に任せ、ここでは法然が日本仏教史（あるいは宗教史）に果たした意義を私なりに評価しようと思う。親鸞と比較して優劣をつけるのではなく、法然が日本仏教史に登場する前と後で、何がどのように変わったのかを明らかにし、法然の仏教の独自性を評価してみたい。つまり、「法然を法然として評価する立場」を取る。

松本［二〇〇一］は、法然の思想的研究が親鸞的に解釈されている点に不満を抱き、「法然は法然であって、親鸞ではなく、また〝他力〟を強調した隆寛でさえない」と述べているが、私も本書でこの立場を支持する（このあと松本は、多くの研究者が親鸞の思想を法然思想の徹底と見なし、親鸞が法然より〝深い〟とか〝反権力的〟という予断を自明のものとして法然の思想を扱うのも大きな問題だと指摘している）。

法然の教えについては多くの研究者がすでに多数の成果を公表し、その価値や意義が論じられているが、それは日本の仏教あるいは浄土教というかぎられた文脈の中で語られることが多く、同じ手法で法然を論じても新鮮味はない。私はインド仏教が専門なので、インド仏教、あるいは広く仏教（または宗教）の文脈に法然が唱えた仏教を放り込みながら、素人なりの目線で法然を論じてみたいのである。

さて本書では「法然仏教」という、耳慣れない言葉をあえて使用する。「法然浄土教」は市民権を得た用語だが、ここでは法然の教えが〝浄土教〟という狭い枠に留まるものではなく、まさに「仏教」という普遍性を持つ教えであることを提示したいからだ。奏功しているかどうかは別にして、私の意図はそこにあることを断っておく。

本書は研究書ではないが、たんなる私の妄想を書きつらねた信仰書でもない。そのような書を何と呼ぶのかは読者に任せ、さっそく日本仏教史（あるいは宗教史）における法然仏教の意義を明らかにする作業にとりかかるとしよう。

第一部　法然仏教の本質

序章　準備作業

本書の視点

　法然（一一三三～一二一二）が確立した仏教が鎌倉仏教の嚆矢《こうし》となり、専修《せんじゅ》念仏の「専修」という考え方が、後の親鸞の信心、日蓮の唱題《しょうだい》、道元の只管打坐《しかんたざ》など、専修の先駆けとなったことなどに対し、一定の評価がなされていることは間違いない。

　しかし、法然仏教の意義はそれだけだろうか。私は前著『ブッダと法然』で、パラダイムシフトの宗教家、また道なきところに道をつけた開拓者（パイオニア）として法然を位置づけたが、本書ではこの点をさらに深掘りし、法然の「日本初」に焦点をあて、法然が登場する前後で仏教がどう変容したのかに注目しながら、法然仏教の特徴をあぶり出す。

　そのための糸口として、『興福寺奏状《こうふくじそうじょう》』は恰好《かっこう》の資料だが、そのような視点から法然仏教が語られた論攷《ろんこう》を、私は寡聞にして知らない。『興福寺奏状』とは、法然の唱えた仏教が当時の仏教界に大きな衝撃（インパクト）を与えたため、中世仏教の主流を占めていた南都六宗《なんとろくしゅう》と天台宗・真言宗の八宗が共同し、専修念仏の停止を求めて朝廷に提出した文書のことをいう。ここでは、九カ条にわたり法然仏教の過失を指摘し、糾弾しているのである。

よって『興福寺奏状』には、当時の仏教界が考えた法然仏教の特異性が顕著に表れていると言えよう。なぜなら、法然仏教が当時の仏教界、すなわち〝正統派〟の各宗から〝異端〟と見なされたからこそ、既存の仏教はそれを問題視し弾圧したからであり、逆に言えば、そこにこそ法然仏教の特質が、〝誤解〟も含めて顕著に表れている。

『興福寺奏状』は全部で九カ条にわたるが、本書ではこれを手がかりに法然仏教の特異性を明らかにしてみよう。この作業は、とりもなおさず法然仏教を今までとは違った視点から評価することにもなる。

『興福寺奏状』の内容および本書全体の構成については、本章の最後で取りあげるとし、まずは法然仏教の特徴を明確にする準備作業として、序章では法然以前の日本仏教の歴史および法然の生涯について簡単にまとめておこう。

仏教の伝来と聖徳太子

自然科学と同様に、人文科学も進歩する。日本仏教史に関する研究も日々更新され、三〇年前の常識は現在の常識ではなくなっている。よってここでは、新たな研究の成果（末木［二〇一〇」）に基づき、院政期までの日本仏教史の流れを整理してみよう。

日本への仏教伝来は、「仏教公伝」という言葉が象徴しているように、仏教は国家と結びつく形で、その伝来や興隆が語られてきた。私的には何らかの仏像や経典は日本に将来されていただろうが、国として公に仏教を受け入れたのはいつかが問題にされた。

当時、仏教は国際的宗教であり、受け入れるべき文化でもあったが、日本はその仏教をまず直輸入的に朝鮮半島の国・百済《くだら》から受容し、その後、時間をかけてそれを日本化していった。その日本化は、国風文化の形成により、平安中期以降、神仏習合と浄土教の発達により本格的に始まった。

伝来した年代には、『日本書紀』に基づく五五二年説と『上宮聖徳法王帝説《じょうぐうしょうとくほうおうていせつ》』に基づく五三八年説とがあり、まだ決着がついていないが、ここではそれが主題ではないので割愛し、「六世紀中頃には仏教が日本に伝わった」と理解しておく。

さて、古代の日本仏教を考える上で欠かせない人物が聖徳太子（厩戸王《うまやどのおう》）であるが、史料の記述をそのまま鵜《う》呑《の》みにすることはできない。日本は七世紀末に天皇制度を開始し、王朝名を「日本」と名乗り、新しい国政をスタートさせたが、聖徳太子は、そうした新時代にふさわしい、あるべき理想的人物像として創作され、国家の書である『日本書紀』に記述されて、統治の理念の一つとして活用されていったからだ。

では、聖徳太子は日本の歴史や文化を考える上で意味がないかというと、決してそうではない。まず第一に、彼は神武天皇・神功皇后・ヤマトタケルなどと並ぶ『日本書紀』の重要人物であり、奈良時代に書かれた『日本書紀』における聖徳太子を解明する作業は、八世紀初頭の国家の思想や理念をとらえる上で重要な論点を与えてくれる。

つぎに重要なのは、聖徳太子信仰である。古来より日本人は聖徳太子を愛し、尊敬し、信仰してきたが、では日本人は聖徳太子に何を求め、何を投影してきたのか。これを解明できれば、日本の歴史や文化をさらに深く理解することにつながる。

聖徳太子の研究は、聖徳太子信仰の研究とさえ言われるが、その聖徳太子信仰の底流には、ナショナリズムの思想が流れているという。聖徳太子信仰は日本におけるナショナリズムの成長と歩調を合わせるように展開し、他国と比較しても遜色《そんしょく》のない人物であったため、日本仏教の開祖とも観音菩薩の垂迹《すいじゃく》（仮のすがたをとってこの世に出現すること）とも考えられるようになった。

さて、七世紀半ばの大化の改新での蘇我氏の失脚後、権力を握った孝徳天皇や天智天皇は国立寺院を建立し、国家儀礼として仏教儀礼を挙行した。持統天皇は天皇制度を開始させ、新たな政治制度を支える宗教として仏教と神祇《じんぎ》祭祀を選択したため、国家と宗教の結びつきはますます強化されていった。

寺院の建立は、飛鳥の飛鳥寺建立を皮切りに、七世紀後期には全国展開を見せるようになり、地方豪族が財をつぎ込んで寺院を建立していった。仏教は新時代の宗教であったため、仏教に積極的な姿勢を示すことは、時代の波に乗ると同時に、地域社会における勢力の確保に直結する活動であった。こうして、七世紀末には、日本の地域社会において民衆にも仏教が広まり、民衆の仏教が開始されたのである。

奈良仏教

七世紀から顕在化する中国仏教との直接交流により、日本人は仏教（中国仏教）を理解し始めたが、これにより自分たちの仏教の後進性が自覚され、真の仏教の導入が緊急の課題として浮上する。朝鮮半島経由ではなく、直接中国から真の仏教を移植しようとしたのだ。国家は僧や尼に関する規定『僧尼令《そうにりょう》』を制定し、僧尼を再生産する得度《とくど》・受戒《じゅかい》制度も整備し、中央に大寺、地方に国分寺《こくぶんじ》という全国的寺院網も創設した。こうして、国家が仏教を管理・統括し、「護国」という目的に奉仕させる体制が確立する。

壬申《じんしん》の乱で政権を握った天武天皇は、新王朝にふさわしい新たな体制擁護システムを必要としていたが、その要請に応えたのが中国から帰国した入唐《にっとう》留学僧《るがくそう》であった。仏教の主目的を皇帝の統治する国家の守護に置く隋唐仏教のあり方は、政敵を一掃して専制権力を得た天武天皇にふさわしいものだった。こうして天武朝に入ると、国家レベルの仏教が前面に出てきた。仏教施設や装備を充実する一方、僧綱制《そうごうせい》を布告し、国家仏教の中央組織が姿を現す。

こうして施設や制度は着々と進行する一方で、肝心の僧尼の資質は不足し、また僧侶を育成するシステムも整備されていなかったので、真実の仏教を支える正式な僧侶を安定的に育てる制度が喫緊《きっきん》の課題となる。一人前の僧侶になるには、得度（出家）した後に受戒する必要があったが、当時、受戒は不可欠という認識はあったものの、その内容や意義はほとんど知られていなかった。

こうして正式な受戒を可能にするため、戒師（戒を授ける師僧）の招請が急務の課題として浮上する。正式な受戒の不履行は、日本仏教の正統性や正当性を危うくする事態だったのである。

聖武天皇の時代になると、唐仏教に倣った国分寺制（国ごとに僧寺と尼寺を設置して、仏教行事を行わせる制度）により、全国的に国家仏教を展開し、国分寺は国家仏教の出先機関として重要な役割を果たした。またこの時代で重要なのは、正式な受戒の移植と、聖武天皇の個人的な華厳《けごん》信仰を体現した大仏の建立である。鑑真《がんじん》の来朝で正式な受戒が日本に移植され、また天平勝宝四（七五二）年、大仏の開眼供養《かいげんくよう》が行われた。

これにより、国家仏教の装置が十全に呪力を発揮する要件が整ったが、もう一つ課題があった。それは、当時の仏教の正当性を検証するための教学の保全である。これを担うのが教学宗派であり、国家主導で設営されたのが、奈良の地で興隆した学問グループの南都六宗であった。

平安仏教

つぎの平安時代の仏教の特徴は、最澄の天台宗と空海の真言宗の開宗である。南都六宗が学派的色彩の濃い宗だったのに対し、天台宗と真言宗は、いわゆる「宗派」の先駆となった。この二人および両宗については次章で取りあげるので省略し、ここでは違った観点から、平安仏教を中世仏教という枠組で概説する。

従来、鎌倉仏教は「鎌倉〝新〟仏教」と呼ばれ、中世を代表する仏教のように位置づけられることと裏腹に、それ以前の仏教に対する評価は極めて低かった。しかし、黒田俊雄の研究により、中世仏教は根本的な見直しを迫られることになった。黒田の中世理解は、権門《けんもん》体制論・顕密《けんみつ》体制論・荘園制社会論からなる。

（一）権門体制論…天皇が中世の国王であり、国王のもとで公家・武家・寺社の各権門が相互補完的に国家を構成している。鎌倉幕府は天皇のもとでの一権門とされた

（二）顕密体制論…「旧仏教」とされてきた顕密仏教（南都六宗・天台宗・真言宗）が中世仏教の中心であり、「新仏教」は顕密仏教の改革派・異端である

（三）荘園制社会論…権門体制と顕密体制を支えた社会基盤が荘園制である

黒田の研究には問題もあるが、現在における中世仏教の研究は、ほぼこの枠組を前提としている。ではこれをふまえ、国家による当時の仏教政策をまとめてみよう。国家（朝廷）は諸宗の共存共栄を求めたため、南都六宗に天台宗と真言宗を加えた「八宗」が中世顕密仏教の基本的枠組となる。

また、朝廷が仏教の保護や統制を放棄したことで、諸寺院は独自に法会を整備し、経論解《きょうろんげ》義《ぎ》を重視した僧侶養成を図り、寺内法会を国家的法会の末端に位置づけようとしたが、それに成功した寺院のみが中世において権門寺院となることができた。

さてもう一つ、国家の保護を失った当時の権門寺院が生き残りをかけて行ったことが、「王《おう》法仏法相依論《ぽうぶっぽうそういろん》」の創出である。王法（政治）と仏法（宗教）は車の両輪のごとく、相互に補完しあう関係にあるとして国家にすり寄り、皇親や貴族の師弟を積極的に受け入れていった。

こうなると、出世間であるはずの僧侶の世界は世間以上に俗世間となり、出世においても彼らが優遇されることになる。寺内では階層化が進み、「学」の研鑽を本務とし、法会・修法を

勤める「学侶」と、「行」を重視した寺内の雑務に携わる「堂衆」とに大別された。このような寺内秩序から離脱し、別所（本寺から離れた別院）などで暮らしたのが聖《ひじり》（遁世僧《とんせいそう》）と呼ばれる僧侶であるが、法然はこの聖に属する。

またこの時期、国家の保護を失った寺院は、経済基盤の安定を図り、荘園経営に乗り出すことになるが、これに成功した寺院は権門寺院として、権力を誇示していくことになる。なお、ここでは平［二〇一七］に基づき、中世仏教における要語をつぎのように定義するが、ここでもこれに則る。

（一）中世国家…荘園公領制を基礎とする国家体制
（二）顕密仏教…中世国家によって正統と認定された既存の八宗
（三）顕密主義…顕密仏教を貫く思想的特徴
（四）顕密体制…顕密主義を基調とする諸宗と中世国家との相互依存関係

さて、ここで古代から中世にかけての土地制度を簡単にまとめておく。律令制度は公地公民を原則とし、土地制度の根幹として戸籍をもとに国が土地を支給する班田収授法《はんでんしゅうじゅほう》が始まった。だが、人口の増加などで口分田《くぶんでん》が不足し、墾田《こんでん》開発を奨励するために三世一身法《さんぜいっしんのほう》が施行されたが、これは土地公有の原則を破るものであった。しかし、これも期待された効果がなかったため、国家はついに墾田永年私財法《こんでんえいねんしざいほう》を発令した。これにより土地公有の原則は完全に崩壊し、権門寺院などは競って土地開発に乗り出したため、私有地である荘園が誕生することになった。

院政期の仏教

この時代の仏教の特徴として、まず指摘できるのは、数量で信仰を表現することが一般化したことだ。個人が生涯に営む宗教行事は数を増していき、造像などの数も増やすことが信仰心の篤さの証とされたし、一人一人の行を総合するという融通念仏《ゆうずうねんぶつ》も、数を重視する思想が根底にある。こうして創作された大量の仏像などは、地方への仏教文化や美術の伝播を容易にした。

院政期には、密教の影響を受けて陰陽師《おんみょうじ》が活躍した。陰陽師は陰陽寮などに置かれた職員で、天文暦数を算定するとともに卜筮《ぼくぜい》や吉凶を占う呪術師であった。霊験に対する期待は密教の方が上だったが、安倍晴明《あべのせいめい》は仏教の修行も真摯に積んで、その呪力が仏教に勝っていることを示そうとしており、陰陽師と密教僧は除災・治病という共通した信仰基盤に立って競合していた。また神祇信仰も、従来の氏祭に集約されていた段階から、より自由で個人的に崇敬する神への祈願をする神社信仰へと発展した。

しかし、仏教には陰陽道信仰や神祇信仰では担えない重要な役割があった。それは来世の希求である。この時代の貴族たちは自らの後生を仏教に託し、臨終の数日前、あるいは数時間前に僧侶となる「臨終出家」が一般化した。これは「来世へのパスポート」的性格を持つが、これはさらに死後にも出家を認める風習へと発展していく。日本仏教の最大の特徴「葬式仏教」で、死者に授ける「死後戒名《かいみょう》」の風習は、平安末期、貴族社会内で「臨終出家」から「死後出家」へと発展するなかで形成された。

このような風習は仏教の本義から外れるが、その一方で来世の希求により、多くの僧侶は遁世の道を選び、自ら理想とする臨終行儀を実践し、浄土教の理解を深めて人々を教化し、ついには教義的にも深化し洗練された鎌倉新仏教を生み出すことになる。

既成の秩序が崩壊して社会が混沌としていくなかで、院政期は今まで以上に個人の力量が問われ、個人が恣意《しい》的に主人を選んだり、グループを形成できる時代だったので、宗教面でも信仰が個人化し、新しい宗教集団が形成される時代だった。ゆえに、宗教家は他者と競争しながら信者獲得に向けて努力するという状況が、日本宗教史上で初めて出現した。よって、院政期は「宗教的アイデンティティ」が形成された時代と言える。

法然の生涯

このような時代を背景に、法然は誕生する。法然は長承二（一一三三）年、漆間時国《うるまときくに》を父とし、秦《はた》氏出身の女性を母として、美作国《みまさかのくに》久米《くめ》南条《なんじょう》（岡山県久米郡久米南町）に生まれ、「勢至《せいし》丸《まる》」と命名された。時国は地方豪族で、押領使《おうりょうし》という地域の治安維持役を担っていたが、荘園領主に代わって現地で荘園経営にあたっていた預所《あずかりどころ》の明石定明《あかしさだあきら》の夜襲に遭い、法然が九歳のとき、時国は殺されてしまった。

時国は臨終の床に法然を呼び寄せ、「決して敵を恨むな。これも前世の報《むくい》だ。お前が敵を恨めば、その怨《うら》みは代々にわたっても尽きがたい。はやく出家して私の菩提を弔い、お前自身も解脱《げだつ》を求めよ」と遺言した。そこで、法然は実家の近くにある那岐山《なぎさん》の菩提寺《ぼだいじ》の住職をしていた叔父（母の弟）の観覚《かんがく》に引き取られる。

法然の非凡な能力に気づいた観覚は、当時の仏教総合大学ともいうべき比叡山に法然を送った。一五歳（一三歳の説もある）のときに法然は比叡山に登り、観覚と旧知の仲であった源光《げんこう》に委ねられたが、観覚同様、源光も法然の非凡な才能に気づき、顕密の両方に精通した学僧である皇円《こうえん》に法然を託した。ここで法然は剃髪《ていはつ》し、比叡山東塔にある戒壇院《かいだんいん》で受戒すると、正式な出家者となる。

さて、当時の比叡山は出家者が名利栄達《みょうりえいたつ》を競う世俗と化していたので、法然は一八歳で遁世（出家教団からさらに離脱して求道生活すること）し、比叡山西塔の黒谷に移住すると、そこで授戒の師である叡空《えいくう》の指導を受けながら修行に励んだ。一八歳で遁世してから四三歳で回心するまでの二五年間、法然は黒谷に引きこもる。

この間、経蔵で一切経《いっさいきょう》を読んだり修行を積んだりと懸命に道を求め、ついに四三歳のとき、善導《ぜんどう》の『観経疏《かんぎょうしょ》』の一節に出会い、回心した。この承安五（一一七五）年の回心をもって「浄土開宗」とされるが、この時点で彼の教義が体系的に組織されたのでなく、教団が組織されたのでもない。

その後、法然は比叡山を下りて吉水《よしみず》に移り住み、庵を訪ねる者に念仏を勧めたり、自ら念仏の行に励んでいたが、そんななか、法然の名声を高める出来事がおこる。大原問答《おおはらもんどう》だ。当時、大原に籠居していた天台宗の顕真《けんしん》は、世間の注目を浴びつつあった五四歳の法然を大原の勝《しょう》林院《りんいん》に招き、当時の一流の学僧たち三〇名以上と議論を闘わせる機会を設けると、法然は見事に勝利を収め、当時の仏教界で法然の名声は一挙に高まった（「大原談議」）。

後に関白となる九条兼実《くじょうかねざね》の帰依を受けて公家や貴族の間に念仏の教えは広まったが、平重《たいらのしげ》衡《ひら》や熊谷直実《くまがいなおざね》といった、殺人を生業とする武士や悪人など、幅広い層の人々に受け入れられ、新たな信者を獲得した。この九条兼実の懇請で、建久九（一一九八）年、法然は『選択本願《せんちゃくほんがん》念仏集《ねんぶつしゅう》（以下、選択集）』を著した。

念仏往生の教えは、誤解されれば悪を助長する怖れもあり、また実際にそのような行動をとる者もいたので、南都北嶺《ほくれい》の僧侶たちは専修念仏の停止を天台座主の真性《しんしょう》に訴えた。これに対し法然は「七箇条制誡《しちかじょうせいかい》」を示し、門弟たちに問題行動の自粛を求めた。これを「元久《げんきゅう》の法難」という。

つづいて南都の興福寺の僧侶たちは、『興福寺奏状』で法然の教えの過失を九カ条にわたって指摘し、院に専修念仏禁止を訴えたが、専修念仏は禁止されなかった。しかしその後、後鳥羽上皇の留守中、上皇の女官が法然の門弟の安楽《あんらく》と住蓮《じゅうれん》が称える節付きの経文に魅了され、無許可で出家したため、上皇の怒りをかって安楽と住蓮は死罪となり、法然は流刑の宣旨《せんじ》が下り、土佐に配流の身となった。建永《けんえい》二（一二〇七）年、法然七五歳のときである。これを「建永の法難」という。

同じ年、しばらくして赦免の宣旨が下り、法然は四国から本州に戻ったが、入洛は禁じられ、その間は摂津国の勝尾寺《かちおでら》（現大阪府箕面市）に留まった。入洛が許されたのはその四年後であり、法然が七九歳のときであった。

帰京をはたした法然は、翌年の建暦《けんりゃく》二（一二一二）年の正月二三日、弟子の源智《げんち》の求めで遺言ともいうべき「一枚起請文《いちまいきしょうもん》」を残すと、二日後の二五日、ついに往生の素懐を遂げた。しかし死してもなお、旧仏教側からの弾圧は続き、法然の墓が暴かれるという「嘉禄《かろく》の法難」にも遭ったが、最終的には京都西山粟生野《あおの》で荼毘《だび》に付された（平岡［二〇一八a］）。

『興福寺奏状』の内容と本書の構成

では最後に、さきほど触れた『興福寺奏状』の内容を紹介し、それに基づいて第一章以下の内容を確認する。まずは『興福寺奏状』に見られる九ヵ条であるが、その内容を簡略に示せば、以下のとおり（浄土宗大辞典編纂実行委員会［二〇一六］）。

（一）新宗を立つる失――奈良・平安以来の八宗は伝灯相承《そうじょう》を備え勅許《ちょっきょ》を得ているのに、法然はそのいずれもないまま勝手に浄土宗を名のっている。

（二）新像を図する失――顕教・密教の行者には阿弥陀仏の光が届かず、専修念仏者のみが救われることを図示した「摂取不捨曼陀羅《せっしゅふしゃまんだら》」を考案し、人々が諸行を修したことを後悔するよう仕向けている。

（三）釈尊を軽んずる失――釈尊の恩徳が重いことは誰でも知っており、浄土教も釈尊が説いたものであるのに、専修念仏者は阿弥陀仏以外の仏を礼拝したり、名号を称えることがない。

（四）万善を妨ぐる失――諸善・諸行はすべて釈尊の正法であるから、専修念仏者が法華経読誦を堕《だ》地獄と言い、造仏起塔を軽んじて笑うのは、往生の道を塞《ふさ》ぐことであり、仏法を謗《そし》る罪である。

（五）霊神に背く失――専修念仏者は実類の鬼神（生霊や死霊などの自然神）と、仏・菩薩が垂迹した権化《ごんげ》の神との区別もせず、神明（神道の神々）を崇拝すれば地獄に堕ちるという。
（六）浄土に暗き失――『観経《かんぎょう》』・曇鸞《どんらん》・道綽《どうしゃく》・善導は、諸行往生を許しており、諸行によって往生を遂げた僧の例証も多い。だが専修念仏者は劣った念仏のみをたのみ、優れた諸行を嫌っている。
（七）念仏を誤る失――念仏とは口称だけではなく観念もあり、善導は双方を兼ね、『観念法門《かんねんほうもん》』を著している。口称は劣った行であり、観念は優れた行であるのに、専修念仏者は口称のみを弥陀の本願であるとしている。
（八）釈衆を損ずる失――破戒行為を恐れない専修念仏者が横行しているが、これは仏法を破滅させる原因となる。
（九）国土を乱る失――仏法と王法は一体であるべきだが、他宗を嫌う専修念仏者の思い通りになれば、天下の仏事が停止されて国土は乱れ、法滅の原因ともなる。

本書は第一部（第一章～第三章）と第二部（第四章～第六章）からなる。第一部では法然仏教の本質について論じ、第二部では法然仏教が社会に与えた影響からその特質に迫る。

第一章では、法然仏教の特徴である「選択」の特異性について整理するが、これが全体の前提となる。第二章では（七）「念仏を誤る失」を念頭に置いて、法然が従来の念仏観を根底から覆したことを説明する。第三章では（二）「新像を図する失」、（四）「万善を妨ぐる失」、（六）「浄土に暗き失」に対する法然の立場を「念仏のアイデンティティ変更」という視点から考察する。

第四章では（一）「新宗を立つる失」について、法然が浄土宗を開宗した意義について解説し、さらに（三）「釈尊を軽んずる失」について考える。第五章では（五）「霊神に背く失」について、本地垂迹説の否定から法然仏教の特質を解き明かす。そして第六章では（八）「釈衆を損ずる失」と（九）「国土を乱る失」をとりあげ、まずは法然仏教が仏教内部に与えた影響を考え、その後に、社会変革をもたらしたことに注目し、法然仏教の社会全体へのインパクトについて私見を述べる。

終章では、全体の締めくくりとして、法然仏教を、エンゲイジド・ブディズム（行動する仏教・社会参加型の仏教）としての大乗仏教という視点から捉え直してみたい。

第一章　選択という思想

仏教の根本思想…縁起

まずは、第二章以降の前提となる法然の「選択《せんちゃく》思想」の特徴を明らかにしておく。仏教は、時代的には約二五〇〇年の歴史を有し、地理的にはインドを発祥の地としながらアジアのほぼ全域を席巻し、今では世界中に拡がった世界宗教である。仏教は時代と地域に応じて柔軟に変容しながら根付いていったので、変容の度合いは他の世界宗教と比べれば極めて大きい。しかし、時代や地域が異なっても、仏教の根本思想が縁起であることに異論はなかろう。

実際に歴史的ブッダが何を覚ったかは知りようがないが、仏典の記述によれば、それは縁起とされるので、縁起は仏教の根本思想とされる。縁起もさまざまなタイプがあるが、ここでは最も普遍的な型を紹介しよう。それはつぎのような定型句で表現される。

これ生ずるがゆえに、かれ生ず。これ滅するがゆえに、かれ滅す（時間）。

これあれば、かれあり。これなければ、かれなし（空間）。

前半は縁起を時間的側面から、後半は縁起を空間的側面から説明したものだ。縁起とは因果論であり、原因と結果ですべてを説明する理論である。時間的には、過去を原因として現在の結果が、現在を原因として未来の結果があると考える。たとえば、種が地中に蒔かれ、太陽光と水が適度に与えられれば（過去の因）、芽が出て花が咲く（現在の果）。そして、さらに太陽光と水が適度に与えられれば（現在の因）、実が成る（未来の果）。時間的には、このような因果関係の中で縁起を考えることができよう。

一方、空間的に縁起を考えるとどうか。視覚的にわかりやすいのは、紙の裏表の関係であろう。「表だけの紙」や「裏だけの紙」は存在しない。表を縁として裏が、裏を縁として表が存在する。つまり、表も裏もそれ単独では存在しえず、一方は他方の助けを借りて存在することになる。表裏の関係だけでなく、相対する概念は「二つで一つ」あるいは「不二（二つではない）」と考えなければならない。

夫婦関係も同じだ。未婚の男性を夫とは呼べないし、未婚の女性を妻と呼べない。夫を縁として妻が、妻を縁として夫が存在する。親子関係も、将来「親」と呼ばれる人間がいなければ子は存在しえないが、逆に子どもがいなければ、男性は父、女性は母、つまり彼らは「親」とは呼べない。「右と左」や「上と下」など、相対する概念はすべてみな縁起の関係で「互いに支え合う関係」にあると言える。

ここでは二つの縁起のうち、空間的な縁起に注目してみよう。紙の裏表の関係では、一方が存在すれば他方も存在し、一方が存在しなければ他方も存在しない。一方を肯定すれば他方を肯定することにもなるし、一方を否定すればそれは同時に他方を否定することになる。ということは、「裏だけの紙」や「表だけの紙」が存在しないように、一方だけを選択して他方を捨てるということは成立しない。つまり、縁起の考え方は「A and B」と表現できよう。

法然の選択思想

仏教の根本思想である縁起と比較するとき、法然の選択思想が特異であることは一目瞭然である。縁起の「A and B」に対し、法然の選択思想は「A or B」と表現できる。法然自身、主著『選択集』第三章において「選択とは、これ取捨の義なり」と定義している。「取捨選択」と二つを合わせて用いるように、「選ぶ」は「捨てる」とセットになっており、必要なものを選ぶことは不要なものを捨てることなのである（この問題は本書第四章で再び取りあげる）。

では、法然の主著『選択集』の記述を手がかりに、具体的な取捨選択の内容を確認してみよう。法然の選択思想が顕著にかつ端的に表れているのは『選択集』の最終章である第一六章の

「三重の選択」である。

それ速やかに生死を離れんと欲せば、二種の勝法の中には、且《しば》らく聖道門《しょうどうもん》を閣《さしお》いて、選んで浄土門に入れ。浄土門に入らんと欲せば、正雑二行の中には、しばらくもろもろの雑行《ぞうぎょう》を抛《なげう》て、選んで正行《しょうぎょう》に帰すべし。正行を修せんと欲せば、正助二業の中には、なお助業を傍らにし、選んで正定を専らにすべし。正定の業とは、すなわちこれ仏名を称するなり。名を称すれば、必ず生ずることを得。仏の本願に依るが故なり。

まず最初の選択は、「聖道門 or 浄土門」という二者択一。これは中国の浄土教家である道《どう》綽《しゃく》（五六二〜六四五）が考えた教相判釈《きょうそうはんじゃく》である。教相判釈（略して教判）とは中国仏教の特殊事情であるが、ここで簡単に説明しておこう。

インドでは初期経典に始まり大乗経典に至るまで数多くの仏典が制作された。その膨大な経典が中国に将来される際、成立の歴史を無視して将来されたため、中国人は内容の異なる経典を一定の基準に従って整理分類する必要があった。このように経典の教えの内容（相）をある基準で判定し解釈することを教相判釈という。この作業は客観的に経典を判定し解釈するというのではなく、膨大な経典や教説から自分に相応する教えを選び出すという価値判断を含んでいる。

これを踏まえ、道綽の教判に戻ろう。道綽は大乗仏教を聖道門と浄土門とに大別する。聖道門とは自力で修行し、この世で覚りを開く教えであり、浄土門とは他力で極楽浄土に往生し、そこで覚りを開く教えであるが、道綽はこの二つのうち、浄土門に価値を見出した。そして法然もこれに従い、この二つのうち、まずは浄土門の選択を迫る。

そして浄土門に入ったならば、つぎに「正行 or 雑行」という二者択一が待っている。いずれも浄土に往生するための実践だが、正行とは読誦《どくじゅ》（阿弥陀仏に言及する経典を読誦すること）・観察（阿弥陀仏を観察すること）・礼拝（阿弥陀仏を礼拝すること）・口称（阿弥陀仏の名を口で称えること）・讃歎供養（阿弥陀仏を讃歎し供養すること）の五つをいう。

雑行は阿弥陀仏以外の仏に言及する経典を読んだり、阿弥陀仏以外の仏を観察したり礼拝したりする行をいう。要するに正行は阿弥陀仏と深く関わる行であり、雑行は阿弥陀仏と深く関わらない行と考えておけばよい。

さて、正行を選択したなら、最後の選択は「正定業 or 助業」である。五種正行のうち、第四番目の口称（阿弥陀仏の名を口で称えること）だけを選べという。こうして一大仏教を三重のふるいにかけ、法然は最終的に称名《しょうみょう》念仏（「口称念仏」とも言うが、本書では称名念仏に統一）に辿り着いた。

仏教の縁起思想に基づけば、仏教の基本姿勢は「A and B」であり、仏教の寛容性はこの縁起思想に求められる。これと対照的なのが、「A or B」を基本姿勢とするキリスト教だ。異説が二つ並び立ちそうな場合、キリスト教は公会議を開いて「正統 or 異端」の白黒をはっきりつける。そして異端視された思想は徹底的に排除される。その意味では、法然の選択思想はキリスト教に近いと言えよう。

末法思想

では何が法然に、仏教の基本姿勢である「A and B」を捨てさせ、「A or B」の立場を取らせたのか。それは末法《まっぽう》思想である。仏教には独自の下降的歴史観があった。ブッダが最初に教団を組織したとき、構成員はみな男性だった。しかし、ブッダの養母マハープラジャーパティーが出家を望み、また弟子のアーナンダがその仲介役となったことで、ブッダは女性の出家を容認した。伝承によれば、ブッダは「それによって、本来なら一〇〇〇年続くことになっていた正法は五〇〇年しか続かなくなってしまった」と語った。

このインドの法滅思想の上に、中国や日本の末法思想が成り立っていることは明らかだ。ではここで末法思想を簡単にまとめておく。これは三段階を経て時代は悪くなるという歴史観である。

（一）正法《しょうぼう》…正しい教えが存在し（教）、それを実践する人が存在し（行）、その結果、覚りを開く人がいる（証）時代
（二）像法《ぞうほう》…正しい教えが存在し（教）、それを実践する人は存在するが（行）、覚りを開く人がいない時代
（三）末法《まっぽう》…正しい教えのみが存在し（教）、それを実践する人も覚りを開く人もいない時代

つまり末法とは、仏教の教えしか存在しない時代をいう。ではいつから中国や日本では末法の時代を迎えると考えられたのか。正法・像法・末法の期間には諸説あって一定ではないが、この時期の不定性が歴史を大きく動かすことになる。算定の基準になるのは仏滅年代と三時の年数であろう。仏滅年代については二つの異なった説（紀元前四八三年説と紀元前三八三年）があるが、中国や日本で問題となる三時説が基づく仏滅年代は、この実際の歴史とは異なっている。

仏滅年代は紀元前九四九年説と紀元前六〇九年説、また正法と像法の期間も一五〇〇年説と二〇〇〇年説の二つがあるので、この組み合わせから末法に入る時期については四説が可能になる（平［一九九二］）。

（一）紀元前九四九年説＋正法像法一五〇〇年説＝五五二年説
（二）紀元前九四九年説＋正法像法二〇〇〇年説＝一〇五二年説
（三）紀元前六〇九年説＋正法像法一五〇〇年説＝八九二年説
（四）紀元前六〇九年説＋正法像法二〇〇〇年説＝一三九二年説

　このうち、中国では（一）の五五二年説が普及し、日本では（二）の一〇五二年説が圧倒的な拡がりをみせた。つまり、日本と中国で末法元年の時期が異なる。中国では六世紀を境に道綽以降、浄土教が隆盛し、日本では平安末期から浄土教が普及したが、いずれも末法の時代の到来を引き金にして、浄土教の注目度が高まっているのがわかる。末法元年の時期が中国と日本で一本化していれば、仏教の歴史のみならず、人類の歴史は大きく異なっていたことだろう。

末法の多面性

　法然あるいは浄土宗という視点からみれば、「末法」とは「絶望的時代の幕開け」を意味し、法然はそのような時代（時）とその時代に住む者の能力（機）にぴったりあった行として念仏の一行を選び取ったということになるが、当時の日本人は末法をそのように〝一義的〟には理解しなかった。

何ごとも多面性を持ち、またそれを見る人間の視点も多様であるから、末法にかぎらず、物事の理解は多様性をおびる。ボトルに半分残ったワインを、「まだ半分も残っている」と楽観的に見ることもできるし、「もう半分しか残っていない」と悲観的にみることもできる。したがって、すべての人々が末法を法然と同じ視点に立って理解したわけではなかった。

まずは、仏教伝来当初の末法観を紹介しよう。日本への仏教伝来の時期は五三八年説と五五二年説の二つがあるが、『日本書紀』に基づく五五二年説は（一）の末法元年説と呼応している。確かに末法はペシミズムの色合いが濃いが、しかし末法の最後には弥勒《みろく》（マイトレーヤ）が仏となって娑婆《しゃば》世界に出現し、人々を救済するという救済思想とも結びついている。よって『日本書紀』の著者は末法元年（五五二）を仏法興隆の起点として設定したのではないかと考えられ、五五二年という年代設定の背後には神話性と政治的意図が垣間見えるため、歴史性が疑われる根拠ともなっている。ともかく、仏教伝来当初の為政者は末法を仏法興隆の起点と考えた。仏教は末法によって底を打ったのであるから、これ以上悪くなることはなく、これからは上昇するのみと考えられたのであろう。

では法然仏教の直接的な背景となった顕密仏教は、末法をどうとらえたのか。古代の律令体制は一〇世紀ごろには破綻しており、緊縮財政のもと、国家は小さな国家となって、仏教を厳しく管理する政策から大幅な自由を与える政策に転換した。これにより、顕密仏教は自由とともに大きな自己責任をも抱え込み、財政的基盤も失ったことで、経済的に自立する必要があった。こうして権門寺院は荘園経営に乗り出す。

おりしも日本は末法到来の時期を迎えていたが、顕密仏教は末法の危機感を意図的に煽《あお》り、末法克服・仏法興隆を大義名分として経済的保護を朝廷に要請した。こうして、中世社会の形成は、仏法興隆による危機克服という外皮をまとうことになり、末法を克服して平和を実現するには、仏法の興隆と寺院の経済的保護が必要だと説く末法思想が、顕密仏教の中世的発展のイデオロギー的武器になっていった（平［二〇一七］）。顕密仏教は末法を自己保身の道具に利用したのである。

序章では、院政期の仏教の特徴として「数量によって信仰を表現することが一般化した」と説明したが、このような夥《おびただ》しい寺院の建立や仏像の制作も、末法の時代の仏教興隆策と関連づけて考えられよう。

さて話は中国にとぶが、中国でも末法に対する姿勢はさまざまであり、末法は一時的な流行であったとする見方もある。末法突入の前後には、一時的あるいは突発的に危機意識は醸成され、それを大きく問題視する宗教家（たとえば道綽）はそれをチャンスとばかり、末法に相応《ふさわ》しい行として念仏を称揚した。しかし、そのような宗教家がこの世を去ると、それを継承する者が絶えてしまうという事実から、末法はその後の時代を継続的に支配する思想ではなかったとする見方もある。

賢い不服従

話を法然に戻そう。法然が仏教の基本姿勢である「A and B」を捨て、「A or B」の立場をとった背景には、末法思想という非常事態があった。末法には教えのみが存在し、それを真摯《しんし》に実践する修行者も、ましてやその結果として覚りを開く者もいない時代に突入したのなら、それ相応の教えが必要になる。そこで法然が辿り着いたのが「専修念仏」一行のみの選択であった。

「A or B」の発想は仏教の教えからすれば異質だが、常識を超えた時代に入ったのなら、常識を超えた発想で対処するしかない。しかし常識から逸脱するには、智慧と勇気が必要だ。妙な譬《たと》えだが、盲導犬は「賢い不服従」を教え込まれる。

一人前（一犬前？）の盲導犬になるには多くの訓練を受け、盲人の指示どおりに行動するよう教え込まれるが、単に盲人の指示に従うのではない。場合によっては、盲導犬は盲人の指示に従わないことがある。それは、その指示に従えば、盲人に危険が及ぶ場合だ。前に進めと盲人が命じても、前方に大きな穴や溝がある場合、転落回避のために盲導犬は盲人の命令を拒否する。これが「賢い不服従」だ。

これは人間にも当てはまる。何をするにも、マニュアルは便利である。それに従えば、効率的に物事の手順を覚えられるし、対処の仕方を忘れても、それに立ち戻って確認できるからだ。しかし、実際にはマニュアルに書いていないことも起こるし、マニュアルどおりに対処しては問題が生じる場合もある。問題になっても、「マニュアルどおりに対処した」と言えば、大きなお咎《とが》めは受けないが、これは責任回避でもある。

逆に、マニュアルから逸脱する場合には責任が伴う。なぜそうしたのか説明する必要があるし、場合によっては責任も取らなければならない。だが、法然はあえてその責任を引き受け、末法という非常事態に鑑み、智慧と勇気をもって当時の常識を踏み越え、さまざまな法難を甘受した。

その受難も、法然は喜んで引き受けている。「建永の法難」で流罪になったさい、流罪回避のために「面従腹背《めんじゅうふくはい》」の態度で臨むよう門弟たちに進言されても、法然は「たとえ死刑になっても、自分の信念（専修念仏の教え）を曲げるわけにはいかない」、また「流罪になって辺鄙《へんぴ》な地方で専修念仏の教えが説けるのは、またとない結構なことである」とさえ言い放つ。ともかく、従来の常識的な仏教のあり方を超越したところに法然仏教の意義を見出すことができよう。

さて、常識を覆すということに関し、別の角度からこの法然の態度を考えてみたい。近年、大乗仏教を巡る議論が賑やかだが、そんななか、大乗仏教非仏説を正面から取りあげた著書に大竹［二〇一八］がある。これは従来の学説を渉猟しながら、「大乗仏教とは何か」を論じた書だが、この中で大竹は、従来の仏教に還元できない大乗仏教の独自性を「利他ゆえの仏教否定」に求める。つまり利他（それ以外はダメ）のためなら、戒律を含め歴史的ブッダの教えに反することも許されるというのである。「利他」とは他者を利益すること、衆生《しゅじょう》を救うことをいう。

もしも大竹の指摘が正しければ、利他（一切衆生の救済）のために、従来の仏教の基本である「A and B」を否定し、「A or B」で発想した法然の態度も大いに「大乗的」と言えるであろう。ではなぜ、法然は易行である念仏の一行にこだわったのか。そこには、法然の「平等性の追求」がある。

ブッダによる平等性の追求

宗教はある意味で、平等性を追求する。ここでは法然による平等性を考える前に、そのさきがけとして、仏教の開祖ブッダによる平等性の追求を考えてみよう。

インドの正統宗教であるバラモン教は「多神教・祭祀・四姓《しせい》制度（カースト制度）」を三本柱とするが、ブッダはこの三つをすべて否定し、仏教という新たな宗教を確立した。このうち人間観に深く関与するのが四姓制度である。これは「生まれ」による身分制度であり、本人の努力（精進《しょうじん》）によって身分が変更されるわけではなかった。身分を変更するには、輪廻《りんね》を前提とした〝生まれ変わり〟が必要だったのである。

この身分制度は職業と結びつき、支配者の統治イデオロギーとして機能したが、ブッダはこの身分制度を否定し、覚りの可能性を万人に開いた。この身分制度は一九五〇年のインド憲法で禁止されるまでインド社会を呪縛し続けてきたのであるから、ブッダの考えは当時のインドにあって画期的であった。

ブッダ在世当時の教団の構成員（出家者）の出自（四姓）と人数とを調べた研究があるが、それによれば、男性も女性も出家は四姓すべてに開かれており、人数こそ少ないが、最下層のシュードラ（奴隷）階級からも出家していることがわかる。またブッダは、人間の幸不幸に関する三つの代表的な考え方を挙げ、そのすべてを否定している。その三つとは以下のとおり。

（一）宿作因論《しゅくさいんろん》…すべては過去世で為した業の結果であり、人間の幸不幸もすべて過去の業（宿業）によって決定される

（二）尊祐造論《そんゆうぞうろん》…万物はすべて神が創りだしたものであるから、人間の幸不幸も神によって決定される

（三）無因無縁論…すべては偶然であり、因や縁は関係しないので、人間の幸不幸はすべて偶然の産物である

ブッダがこれらを否定した理由は、三つとも人間の努力を否定するからである。四姓制度にせよ、この三つの考え方にせよ、人間の努力が介入する余地はない。自らを「業論者であり、行為論者であり、精進論者である」と規定したブッダは、「努力は報われるべきである」という立場からこれらを批判した。ここにブッダの人間観を見ることができる。

経典『スッタ・ニパータ』に説かれる「生まれによりバラモンにならず、生まれによりバラモンならざる者にならず。行いによりバラモンになり、行いによりバラモンならざる者になる」は有名だ。このように、ブッダは「努力なら誰にでもできる」という点に人間の平等性を見たのである。

法然による平等性の追求

法然の基本姿勢は、末法という時代（時）と、その時代に生きる人の能力（機）にぴったりあった〝時機相応〟の教えの模索であった。しかし、その教えの模索は、法然自身を最下層に置いた人間観がベースになっていると考えられる。

傍目《はため》から見れば、法然は「智慧第一の法然房」と人から称讃されていたが、自己省察においては凡人の比ではなかった。浄土教的な人間観に立てば、万人が自力では救われない凡夫《ぼんぷ》（凡庸で愚かな者・能力の劣った者）ということになるが、自己省察は人それぞれに異なる。

同じ量の煩悩《ぼんのう》を抱えていても、自己省察の浅い人はその表層しか見えないし、深い人はその深層までが視野に入る。だから、自己省察が極めて深かった法然は、自己の心の内に沈殿する煩悩の塊を発見し、自己に絶望した。その悲痛な叫びが「三学非器《さんがくひき》」の表明である。「三学非器」とは「三学（戒・定・慧）」を身につけることができない人間ということである。生涯を通して持戒（戒）の生活を維持し、三昧発得《さんまいほっとく》（定）し、そして智慧第一（慧）と称された法然が言うからこそ、「三学非器」の言葉の意味は重い。その自分が救われれば、万人の救いは達成されるという思いがあったのではないか。

回心前の「三学のほかに我が心に相応する法門ありや、我が身に堪えたる修行やあると、よろずの智者に求め、諸々の学者にとぶらいしに、教うるに人もなく、示すに輩もなし」や「出離の道に煩いて、心身安からず」という言葉が、法然の深い絶望を如実に物語る。つまり、法然は自分のことを脇に置いて万人の救済を模索したのではなく、三学非器の自分を凡夫の最底辺にすえた万人の救済を希求した。ここに、ブッダとは違う法然の人間観ならびに平等性の希求が確認できる。

こうして末法の世（時）に、自力では覚りを開けない凡夫（機）でも実践できる行として、法然は念仏を見出した。一部の金持ちや宗教的エリートだけが覚りを開いたり救済される教えに普遍性はない。対象が限定されているからだ。誰もが実践できるには〝易行《いぎょう》〟、すなわち実践しやすいことが何より重要だが、それは仏が保証する優れた行であることがさらに重要である。実践しやすい行は多々あるが、称名念仏は実践しやすく、かつ阿弥陀仏が特別に選択したという〝お墨付（保証書付）〟を得た行でなければならなかった（後述）。

『選択集』第三章には、「然ればすなわち、一切衆生をして平等に往生せしめんが為に、難を捨てて易を取って本願としたまえるか」、あるいは「然ればすなわち阿弥陀如来、法蔵比丘《ほうぞうびく》の昔、平等の慈悲に催され、普《あまね》く一切を摂《しょう》せんが為に、造像起塔等の諸行を以て、往生の本願としたまわず、ただ称名念仏の一行を以て、その本願としたまえるなり」とあり、法然の人間観には平等性が強く意識されている。

末法における人間存在は、人間の側から見れば大きな違いがあるように見えるが、阿弥陀仏の側から見れば、所詮《しょせん》みな自力では覚りえない「凡夫」であり、また凡夫という一点において人間はみな平等であるというのが法然の人間観といえよう。

法然は、末法という時代を背景に、「称名念仏なら誰にでもできる」という点に人間の平等性を見た。時代と地域は異なるが、ブッダも法然も人間の平等性を徹底的に追求し、法然はすべての人間に実践可能な易行として念仏を選択したのである。

対機説法

さらにこの問題を、「対機説法《たいきせっぽう》」という観点から考えてみよう。成道《じょうどう》してから入滅《にゅうめつ》するまでの四五年、ブッダはさまざまな人間を教化した。そのブッダの説法には多くの特徴が認められるが、その一つに「対機説法」がある。つまり、相手の能力（機根）に対応して、それにふさわしい法を説くことを意味するが、これは「応病与薬《おうびょうよやく》（病に応じて薬を与える）」とも言われる。

相手の能力は千差万別であるから、それに応じて、説く法も異なるというのが仏教の基本的な考え方だ。たとえば、働き過ぎの人には「働き過ぎないように」と忠告するし、働いていない人には「精を出して働くように」と諭すことがある。よって、説法の内容だけに注目するなら、「働くな」と「働け」のように、経典には矛盾する記述もみられるが、これはブッダの言動に一貫性がないのではなく、説法の対象者の能力が異なることに起因する。

これは実践（行）にも当てはまる。能力が異なるなら、覚りに導く実践も数多く存在する。仏教には八万四千の法門（教え）があるといい、また実践も、初期仏教（ブッダの時代から教団が分裂するまでの仏教）の段階では三七の修行法が存在した。よって、仏教徒は自分の能力に応じて教えを選び、また行も取捨選択して実践した。つまりインドおよびその後の仏教では、機根はそれぞれであるから、教えも実践も千差万別ということになる。

これと比較した場合、法然仏教の特異性は明らかだ。法然は自分も含め、「みな凡夫である」と機根を一元化する。確かに人間の側から見れば、人間の能力には大きな違いがあるが、時代は末法であり、誰もこの世で覚れないなら、みな同じではないか。人間を仏の側から見れば、能力の高低や善悪の多少など、無に等しいと法然は考えた。こうして機根が「凡夫」に一元化されれば、そのような凡夫が実践できる行も易行である「念仏」に一元化されることになる（後述）。

ここで重要なのは、法然の選択が、個人的な立場ではなく、普遍的な立場からなされている点である。つまり、この選択が「他の人はともかく、能力の低い〝私〟には、この教えが合っている」という個人的な選択ではなく、「今の末法の時代、私も含め、今の凡夫にはこれしかない」という普遍的選択であったことだ。普遍的選択であったからこそ、法然という一個人を超えて、専修念仏の教えは当時の社会に広まり、既成教団や国家を脅《おびや》かし、その結果、数多くの法難を経験したのである。

対機説法という観点から見れば、法然仏教の特異性はより明瞭となり、本来の仏教と大きく隔たっているように見えるが、それはあくまで末法という非常事態の対応策として考え出されたものである点を忘れてはならない。

復活する諸行

このように、人間を凡夫として一元化し、その凡夫に実践可能な行を念仏に一元化したが、その念仏への一元化は、三重の選択という過程を経て可能となる。ではその三重のふるいにかけられ、捨て去られたさまざまな行は永遠に捨て去られたままなのか。この問題を考えてみよう。

三重の選択を説いた先ほどの引用文に注目すると、「且《しば》らく聖道門を閣《さしお》いて」（第一重の選択）、「且らく諸の雑行《ぞうぎょう》を抛《なげうち》て」（第二重の選択）と表現されている。「且らく」とは「とりあえず／いったん」の意であるから、永遠に葬り去るのではない。念仏に辿り着くための手段として「しばらく」閣き、「しばらく」抛つだけであるから、念仏に辿り着いた後、いったん閣かれた聖道門や、いったん抛たれた諸の雑行は、〝一定《いってい》の〟価値を回復する。では〝一定の〟とは、どういう意味か。

法然は「念仏第一」であるから、これは絶対に譲れないが、「念仏第一」の生活を助けるためであれば、念仏以外の諸行は「助業」としての価値を獲得する。助業とは念仏の不足を補助するというのではなく、念仏を相続できるように念仏者を助け促すという意味である。

法然の言葉に「現世をすぐべき様は、念仏を申されん様にすぐべし」がある。まさに「念仏第一／念仏最優先」の生活を表明したものだが、この後には「念仏のさまたげになりぬべくは、なになりともよろずをいといすてて、これをとどむべし。いわく、ひじりで申されずば、妻をもうけて申すべし。妻をもうけて申されずば、ひじりにて申すべし」と続く。「念仏の妨げになるものはすべて拒否せよ」という言葉を逆から読めば、「念仏の助けになるものはすべて受容せよ」となる。

法然自身は生涯独身を貫き、持戒の生活をした。これをもって法然の不徹底さを指弾する言説も散見するが、それは的外れである。法然にとっては、独身で戒律を保つことが念仏第一の生活の助業になっていたというだけだ。念仏以外の行は往生浄土に関わらない行であるから捨てられたのであり、仏教の修行として無価値であるから捨てられたわけではない。

したがって、法然の「A or B」思考は、キリスト教のように絶対的な意味を持つのではなく、あくまで末法という非常事態に対応してのことであった。いったんは捨てられた諸行は、念仏の獲得後は助業として復活するのであり、その意味では仏教本来の「A and B」の立場は保持されていると言える。

本覚思想

法然の「A or B」思考を、さらに違った観点から考察してみよう。平安時代、日本の仏教を考える上で重要なのが、天台の「本覚思想《ほんがく》」である。「本覚」とは「始覚」に対する言葉で、本覚とは「本来的に衆生には自覚の性質があること」、始覚とは「自覚していない衆生が始めて覚ること」を意味する。本覚思想は、具体的な現象世界をそのまま覚りの世界として肯定する思想である。

仏教は覚りを目指すが、覚りとは何か別の次元に移行するのではなく、この世界の認識が変わるだけである。この世界は実体のないもの（空《くう》）として、それ自体の実体性は否定されながらも、それをそれとして体得されるべき対象でもある。そう考えると、この否定されるべき現象世界が真理そのものの世界（真如《しんにょ》・諸法実相《しょほうじっそう》）として肯定されるようになってくる。

縁起の関係は、さきほど言及した紙の表裏の関係のように、別々には分けられず、「不二」の関係にあることを意味する。代表的な大乗経典『維摩経《ゆいまきょう》』では「不二法門」が説かれ、互いの矛盾するものが実は個別に独立して存在するのではなく、不二であると説く。「不二」とは言い得て妙な表現だが、これは「一」ではない。裏と表は別ではないが、しかし同一でもない。しかし、「一」にかぎりなく近づいていく。

仏教には矛盾するような表現が目につくが、真実のあり方は縁起あるいは不二なので、仕方ない。その典型例として、「煩悩即菩提《ぼんのうそくぼだい》（煩悩〔心の汚れ〕は即《すなわ》ち菩提〔覚り〕）」、「生死即涅槃《しょうじそくねはん》（生死〔輪廻《りんね》の世界〕は即ち涅槃〔覚りの境地〕）」、「自利即利他（私の幸せは他者を利すること）」、そして「娑婆即寂光土《しゃばそくじゃくこうど》（娑婆世界〔苦に満ちた衆生が住む世界〕は即ち寂光土〔久遠《くおん》の仏が住む世界〕）」などが挙げられるが、いずれも仏教の根本思想から導き出されたものと言える。

さらに言うなら、仏教徒が目指す智慧は「無分別智《むふんべつち》」と言われ、「分別しないこと」を内容とする智慧である。そう考えると、縁起思想は「一元論」の性格を帯びてくると考えられるが、これを発展させていくと、凡夫と仏との距離は圧縮されてゼロとなり、まったく修行をせずに、凡夫の状態のままで現象世界が全的に肯定されるようになったのが本覚思想である。

この本覚思想に重要な役割を果たしたのが、インドの大乗仏教に由来する如来蔵《にょらいぞう》・仏性《ぶっしょう》（一切の衆生は成仏の可能性を持つ）の思想だった。これは内在的な可能性として説かれたもので、修行すればみな覚りを開くことができるということを説くものだったが、本覚思想では、これが「現実に覚りを開いている」と曲解されるようになる。

このように、覚りの世界と迷いの世界が近づき、ついには重なってしまうと、出家者と在家者のボーダレス（無境界）化も進んだ。日本中世では、皇族・貴族をはじめ、武士や民衆にまで在家出家が流行する一方、寺院では寺僧に加えて荘園や門跡《もんぜき》運営などの世間的業務に従事する寺官（世間者）が登場する。こうして本覚思想を背景に、世俗は仏教化し、仏教は世俗化し、結果として「戒律の軽視」にもつながってしまうが、これにより、顕密僧の妻帯は常態化した（平［二〇一七］）。

本覚思想と浄土教

このような本覚思想はさまざまな思想に影響を及ぼしたが、当時の浄土教もその例外ではなかった。そもそも、浄土教自身は基本的に二元論の立場に立つ。この世で死んだ後に、極楽に往生するのであるから、浄土教は「此岸《しがん》（娑婆・穢土《えど》）／彼岸《ひがん》（極楽・浄土）」という二項対立が前提となる。『往生要集』で源信は、これを「厭離穢土《えんり》（穢土を厭離する）・欣求浄土《ごんぐじょうど》（浄土を欣求する）」と明解に表現している。

しかし一元論を骨子とする本覚思想の影響を受けると、浄土教も一元論化していく。本覚思想はこの世をそのまま覚りの世界と考えるから、この世と別に浄土を想定しない。よって浄土も「己心《こしん》の浄土」、阿弥陀仏も「己心の弥陀」というように唯心論的に浄土や阿弥陀仏が解釈されるに至る。また「一色一香《いっしきいっこう》、弥陀に非ざる無し」とアニミズム的に説かれ、現世に引きつけて阿弥陀仏が理解されるので、もはや阿弥陀仏は西方浄土の教主ではなくなってしまう。

また天台宗の僧侶で浄土教を展開した良忍は「一即一切《いっそくいっさい》」の立場から融通念仏《ゆうずう》を唱えた。融通念仏とは、自らの称える念仏があらゆる人に功徳を融通し、逆に他人の称える念仏が自分に融通されるという念仏である。一方、浄土教は密教とも融合していく。たとえば真言宗の覚鑁《かくばん》は、阿弥陀仏と大日如来を同一視し、大日如来の浄土で、この世界に他ならない密厳《みつごん》浄土こそ真の浄土であるとした（末木［一九九二］）。

このような天台本覚思想に影響を受けた浄土教と比較した場合、「A or B」の法然の浄土教はどう見えるだろうか。法然における浄土や阿弥陀仏のたて方は、認識論（唯心論）的ではなく存在論的である。つまり、西方という具体的な方角に存在するのが極楽浄土であり、その教主が阿弥陀仏であるという理解である。

浄土教本来の立場である「此岸／彼岸」（現世／来世、娑婆／浄土）の二元論に立ち、両者は厳密に区別され、「此岸 or 彼岸」という対比で、此岸が捨てられ、彼岸が選択される。法然の『逆修説法《ぎゃくしゅせっぽう》』六七日《ろくしちにち》に「娑婆の外に極楽有り、我が身の外に阿弥陀仏有すと説く」とあるように、娑婆と極楽、自分と阿弥陀仏が重なることはない。またこの世に阿弥陀仏の光は届くだろうが、この世のすべてに阿弥陀仏が宿るというアニミズム的発想もない。

さらには、融通念仏のように、自己と他者との間で念仏の功徳が融通するという考えも法然にはない。廻向《えこう》の思想はあるが、自己救済のためには自分自身が念仏を称えるしかないし、阿弥陀仏を大日如来と同一視することもない。「他者の念仏 or 自己の念仏」であれば、他者の念仏は捨てられ、自己の念仏が選択されるし、「阿弥陀仏 or 大日如来」なら、選択されるべきは当然のことながら阿弥陀仏である。

法然門下の親鸞は信心を重視し、如来より賜りたる信心を獲得すれば「現世で正定聚《しょうじょうじゅ》の位に入る」と説いた。正定聚とは「覚りが確定した状態」を意味するので、浄土往生を先取りしている感がある。浄土真宗内には親鸞が来世往生を否定し、現世往生を説いたとする理解もあるが、それについては小谷［二〇一五・二〇一六］の反論もある。それはともかく、法然にはそのような発想はなく、娑婆と浄土とは隔絶した関係にあり、正定聚の位も覚りそのものも、死後、往生してからと考えられていた。

しかし、念仏と諸行の関係と同じように、浄土往生後に覚りを得れば、法然が全面的に依拠した善導の発願文に「彼の国に到り已《おわ》って、六神通《ろくじんづう》を得て、十方界に入って苦の衆生を救摂《くしょう》せん」とあるように、いったん捨てた穢土・娑婆・此岸は、成道後に衆生救済の場として復活する。

法然と本覚思想との関係についてはいくつかの研究があり、論拠はそれぞれだが、法然仏教を本覚思想とは異質な教えとして位置づけることは概《おおむ》ね定説となっている（安達［二〇〇四］）。ここでは従来とは異なった視点から両者の関係を考えてみたが、やはり法然仏教と本覚思想は交わるところがないと言えよう。

第二章　念仏観の反転

（七）念仏を誤る失——念仏とは口称だけではなく観念もあり、善導は双方を兼ね、『観念法門』を著している。口称は劣った行であり、観念は優れた行であるのに、専修念仏者は口称のみを弥陀の本願であるとしている。

インド仏教の念仏観

本章では「念仏を誤る失」を取りあげ、法然が従来の念仏観を反転させたことを指摘する。一般に、念仏とは称名念仏を想起するが、本来、念仏は阿弥陀仏の名号を口に出して称えることではなかった。念仏は初期仏教に淵源を有する古い行で、文字どおり「仏を念ずること」を意味する。「念」に当たる原語「スムリティ」は「対象を忘失しないこと」と定義されるが、ここでは「憶念《おくねん》／想起」と理解しておこう。

さて「念仏」と複合語で用いられるときは「スムリティ」ではなく、接頭辞「アヌ」が付された「アヌスムリティ」の方が頻度が高く、「ブッダ・アヌスムリティ」が「念仏」の原語である。この接頭辞は反復性や持続性を意味するので、「アヌスムリティ」は「繰り返し憶念すること／想起し続けること」を意味する場合が多い。よって「ブッダ・アヌスムリティ」は「仏を繰り返し憶念・想起し続けること」を意味する。

では具体的に仏をどのように憶念するのかというと、「十号」を憶念するという。十号とは一般に「如来（＝仏）の十号」と言われ、仏の異名のことだが、「如来（真如〔真理の世界〕から、やって来た者）」、「阿羅漢（神や人から供養や尊敬されるに値する者）」、「正等覚者（完全に正しく真理を悟った者）」、「世尊（世間から尊ばれる人）」などがあり、この十号を具体的に憶念することが「念仏」の原型である。そして恐怖や戦慄《せんりつ》におそわれた場合、仏を含め、仏・法・僧の三宝を念ずれば、その恐怖や戦慄は取り除かれると言われ、その当初から念仏は功徳ある行として説かれている。

さらに念仏には「六随念《ずいねん》（仏・法・僧・戒・捨・天の随念）」という体系化された教えも存在し、「如来を随念すれば、彼の心はまったく貪《とん》に所有されず、瞋《しん》に所有されず、痴《ち》に所有されず、彼の心は如来に依拠して質直となる」などと説かれることもあり、ここでは単なる恐怖や戦慄の除去とは違って、貪・瞋・痴という三毒の煩悩から自由になるという仏教的果報と関連させて念仏が説かれている。これが念仏の原型であり、念仏は「仏の十号を憶念すること」を意味する行としてスタートした。

観想念仏へのシフト

それが時間の経過とともに、念の対象が「如来の十号」という抽象的・概念的なものから、視覚的イメージと結びついたものへと変化していく。具体的な姿形を思い浮かべながら仏を念ずるので、これを「観想念仏」という。実際の用例をインド仏教説話からいくつか紹介しよう。三七章からなる仏教説話文献『ディヴィヤ・アヴァダーナ』の第一一章には、ブッダは観想の念仏をつぎのように勧めている。

「アーナンダよ、ここでつぎのように学ばなければならない。すなわち『私は、最低、指を弾くほどの非常に短い一瞬一瞬といえども、如来を姿形という点から随念しよう』と」(平岡［二〇〇七］)

さらに第一五章では、ブッダの髪爪塔《はっそうとう》(ブッダの髪と爪を聖遺物として収めた仏塔)を礼拝し、観想の念仏を行う用例が確認できる。

> ある比丘が夕刻に、髪爪塔に向かって全身を投げ出し、如来を姿形という点から随念しながら、心を浄らかにした。〈かの世尊は、如来・阿羅漢・正等覚者・明行足《みょうぎょうそく》・善逝《ぜんぜい》・世間解《せけんげ》・無上士《むじょうし》・調御丈夫《じょうごじょうぶ》・天人師《てんにんし》・仏・世尊《せそん》である〉と（平岡［二〇〇七］）。

ここでは、その念の対象がブッダの視覚的な姿形を内容とする念仏であることは明らかである。しかし、その後には「如来の十号」が列挙されているから、これは、初期仏教の仏随念をふまえ、それを土台にしながら視覚的イメージを対象とする観想念仏に発展した経緯がよくわかる用例である。ここに、観想念仏の萌芽が確認できよう。

ではつぎに、このような観想念仏が浄土教と結びつき、阿弥陀仏を観想することを説く〈般《はん》舟三昧経《じゅざんまいきょう》〉に注目する。本経のインド原典は発見されていないが、そのチベット訳から「般舟三昧」とは、「現在の〔諸〕仏が菩薩あるいは行者の面前に立ち給える、あるいは住し給える三昧（精神集中）」を意味する。「諸仏」とはいえ、その中心は阿弥陀仏だから、般舟三昧とは結局、「阿弥陀仏を見るための三昧」ということになる。

では、往生の方法という観点から般舟三昧の位置づけを整理してみよう。般舟三昧によって見仏（阿弥陀仏を見ること）、そして見仏に基づく念仏（阿弥陀仏を念じること）が往生の因となる。まず行者は一人で閑処《かんじょ》に行って坐り、聞いたとおりの姿で阿弥陀仏を思念し、その念を散乱させず、一昼夜から七昼夜にわたって思念すれば、阿弥陀仏を見ることができるという。もしも昼間、阿弥陀仏を見なければ、阿弥陀仏が行者の夢中に姿を現す。

このように、般舟三昧を得た者は極楽に往《い》かなくても、その場で阿弥陀仏のことを聞き、阿弥陀仏の容姿だけを聞いて心を散乱させず、阿弥陀仏を思念すれば阿弥陀仏を見ることができるという。


〈無量寿経〉


では、何を契機に観想念仏は称名念仏へと姿を変えるのか。これに答える前に、まずは念仏往生の根拠について整理しておく必要がある。今の日本で「十念」と言えば、「南無阿弥陀仏」と一〇回、声に出して称えることを意味し、それが極楽浄土に往生する因となると諒解《りょうかい》されているが、その根拠は〈無量寿経〉で説かれている阿弥陀仏の四八の誓願《せいがん》の中にある。

ブッダを去ること遥か昔、世に世自在王仏《せじざいおうぶつ》が現れたが、そのとき法蔵という比丘が彼のもとで出家した。法蔵は自分が建立する浄土について五劫《ごこう》の間（極めて長い時間）、思惟した後、世自在王仏の前で四八の誓願を立てたが、その第十八願が念仏往生の根拠となる。

〈無量寿経〉はインド原典が存在し、経名は「スカーヴァティー・ヴューハ（極楽の見事な景観）」であるが、このインド原典は中国に将来され、インド原典の増補（バージョンアップ）に伴って何度も漢訳されている。その中で現存するのは五本であるが、このうち、中国および日本の浄土教で用いられるのが康僧鎧《こうそうがい》訳『無量寿経』だ。では『無量寿経』第十八願の内容を確認してみよう。

設《も》し我、仏を得たらんに、十方の衆生、至心に信楽《しんぎょう》して、我が国に生ぜんと欲して、乃至十念せん（乃至十念）。もし生まれずんば、正覚《しょうがく》を取らじ。ただ、五逆《ごぎゃく》と正法を誹謗《ひぼう》するものを除く。

傍線で示した箇所が念仏往生の根拠となる文言である。つまり「衆生が十念して私の国（極楽浄土）に往生しないようであれば、私は正覚を取らない（＝仏に成らない）」と誓いを立て、修行の結果、法蔵菩薩は阿弥陀仏になったのだから、十念すれば往生できるということになる。しかしここで問題になるのが、この第十八願の「十念」が何を意味するかだ。これは「南無阿弥陀仏」と声に出して称えることなのか。インド原典で、これがどう表現されているかを確認してみよう。

もしも私が覚りを得たときに、無量無数の仏国土における衆生たちが私の名前を聞き、その仏国土に生まれたいという心を発《おこ》し、諸々の善根を成熟させ、たとえ心を発すことが一〇回に過ぎなかったとしても、その仏国土に生まれないようであれば、その間、私は無上正等菩提を覚ることがないように。

これから明らかなように、『無量寿経』で「十念」と漢訳されている箇所の原文は「一〇回（その仏国土に生まれたいという）心を発すこと（cittotpāda）」を意味し、最初期の念仏でも観想の念仏でもなく、ましてや称名念仏でもない。つまり、〈無量寿経〉第十八願の「十念」は念仏とは無関係なのである。

『観無量寿経』

では「南無阿弥陀仏」と口に出して称える称名念仏は説かれていないのかというと、そうではない。大乗経典は膨大な数にのぼり、その中には阿弥陀仏や極楽浄土に言及する経典は数多く存在するが、その中でもとくに阿弥陀仏や極楽浄土を中心に説く経典がある。その一つが先ほどとりあげた『無量寿経』であり、これに『観無量寿経《かんむりょうじゅきょう》』と『阿弥陀経』とを加えた三経を、法然は浄土三部経として選出した。この浄土三部経のうち、『観無量寿経』の用例を見てみよう。

本経は、仏弟子の調達《じょうだつ》（デーヴァダッタ）に唆《そそのか》され、父王を幽閉した王子の阿闍世《あじゃせ》に心を痛めた王妃の韋提希《いだいけ》を、ブッダが救済する物語を収めている。韋提希は濁世《じょくせ》を厭い、悩みのない世界に生まれたいと気持ちを打ち明けると、ブッダは光明を放って十方諸仏の浄土を見せ、韋提希はその中から阿弥陀仏の極楽世界に生まれ変わりたいので、その方法を教えてほしいと懇願した。

そこでブッダは極楽に往生するための観法を彼女に教える。全部で一三の観法が説かれる。極楽浄土の具体的な情景および阿弥陀仏や両菩薩を、この世にいながら、ありありと眼前に思い浮かべるための精神集中（三昧）をブッダは詳細に説くので、本経は観想の念仏を説く経典とも言える。

そして、この経の後半では、往生する人を能力別に九種に分け、それぞれに応じた往生の仕方が説かれている。まずは人間を三種（上品《じょうぼん》・中品《ちゅうぼん》・下品《げぼん》）に分け、その三種をそれぞれさらに三種（上生《じょうしょう》・中生《ちゅうしょう》・下生《げしょう》）に分けるので、都合、全部で九種類となる。このうち、下品下生は最下層の人間ということになるが、ここに念仏が登場する。仏は対告者の阿難にこう告げる。

「かくのごときの愚人は、命終わる時に臨みて、善知識《ぜんちしき》の種々に安慰して、ために妙法を説き、教えて仏を念ぜしむるに遇わん。この人、苦に逼《せま》られて、仏を念ずるに遑《いとま》あらず。〔かの〕善友、告げていう、『汝よ、もし〔仏を〕念ずることあたわざれば、まさに無量寿仏〔の名を〕称うべし』と。かくのごとく、至心に声を絶えざらしめ、十念を具足して、南無阿弥陀仏と称えしむ。（後略）」

このように、ここには「十念を具足すること」と「南無阿弥陀仏と称えること」があわせて説かれているが、これは「称名（南無阿弥陀仏と称えること）＝念仏」ではなく、仏を一〇回念じながら南無阿弥陀仏と称えることを意味するので、「念仏＋称名」ということになる。『観無量寿経』では「念仏」と「称名」がかなり近づき、その距離を縮めているが、まだ完全には重なっていない。

「称名と念仏」から「称名が念仏」へ

中国・唐時代に活動した善導は日本の法然に絶大な影響を与えたが、その善導が念仏と称名の距離を一気に縮め、両者を同一視した。善導は先ほど紹介した『観無量寿経』の註釈書『観《かん》無量寿経疏《むりょうじゅきょうしょ》』を代表作とし、数々の論書を著したが、まずは主著『観無量寿経疏』を見てみよう。ここでは、先ほど紹介した『無量寿経』第十八願を引用するが、その際、原文の一部を読み替えて引用している。

　若《も》し我仏を得たらんに、十方の衆生、我が名号を称して（称我名号）我が国に生ぜんと願い、下は十念に至らんに、若し生ぜずんば正覚を取らじ。

　傍線を施した部分、つまり原文では「乃至十念」とあるところを、善導は「称我名号」と読み替えている。これ以外にも、善導は『無量寿経』第十八願を自著に引用するさい、同様の読み替えを行っているのだ。

　たとえば、『観念法門』では「若し我、仏を成ぜんに、十方の衆生、我が国に生ぜんと願い、我が名字を称して下は十声に至らんに（称我名号下至十声）、我が願力に乗じて、若し生ぜずんば正覚を取らじ」、また『往生礼讃』では「若し我、仏を成ぜんに、十方の衆生、我が名号を称して下は十声に至らんに（称我名号下至十声）、若し生ぜずんば正覚を取らじ」とするのである。

「我が名字を称して」の新たな付加に加え、「乃至十念」を「下至十声」と読み替えている。ここに至って完全に称名は念仏と同一視され、「称名＝念仏（称名が念仏）」という新たな念仏観が樹立されることになり、これが日本の浄土教にも大きな影響を与えることになる。

念と称との関係

「念＝称」の発想は善導の創作と考えられるが、善導はまったく異質なもの同士を強引にひっつけて同一視したのではなく、両者はインド仏教の時代より極めて近い距離にあり、同一視されるのは時間の問題だったのかもしれない。ではこの点をインド仏典で確認してみよう。まずは初期経典の用例から。

そのとき、チャンディマー王子はアスラ王ラーフに捕らえられた。そこでチャンディマー王子は世尊を随念しつつ、そのとき、この偈《げ》を称えた。「ブッダよ、勇者よ、あなたに帰依（南無）します。あなたはあらゆる点で解脱しておられます。私は艱難《かんなん》に陥っています。この私のために、帰依の拠り処となって下さい」（『相応部』）

このように、「仏を随念すること」と「南無仏と口に出して称えること」は同時に行われていることがわかる。このような用例は初期経典では希《まれ》であるが、存在することは確かである。そして初期経典よりは後代の成立になるが、先ほど引用したインド仏教の説話文献『ディヴィヤ・アヴァダーナ』第一八章にも両者の相即性が確認されるので、紹介しよう（平岡［二〇〇七］）。

ここでは主人公ダルマルチが、過去の悪業により怪魚ティミンギラに再生し、船で大海を渡る商人たちを呑み込もうとしていた。そのとき、商人たちはシヴァ神などバラモン教の神々に祈願したが、効果はなかった。

そこで、その船に乗り合わせていたは仏教在家信者が、「みな、われわれはこの死の恐怖からまったく逃れられそうにない。全員死ぬに違いない。しかし全員で声を合わせて『仏に帰命す（南無仏）』と叫ぼうではないか。どうせ死ぬなら、仏を念の対象として死のう。善い境涯に再生できるかもしれぬ」と提案した。

これが功を奏し、難を逃れることができた商人たちは、航海を成功させて帰国した後、命の恩人ブッダのもとを訪れ、礼を申し述べるが、その中に「死に直面したとき、一心に世尊を念じ、（世尊の）御名を称えましたところ、船はその大きな怪魚の口から逃れられました」と述懐する場面がある。ここにも念と称の密接な結びつきが確認できよう。ただし、いずれの用例も、両者の距離は近いとはいえ、あくまで「称名＋念仏」であり、「称名＝念仏」ではない。

道綽の浄土教

インド仏教に遡りながら、念と称との関係を考えてきた。ここでは念と称との関係をさらに発展させ、念＝観想念仏（観仏三昧《かんぶつざんまい》）、称＝称名念仏と置き換え、中国浄土教における両者の関係を確認しておこう。この作業は日本の法然の念仏観を考える上で極めて重要となるからである。

さきほど、『観無量寿経』で確認した十念と称名との関係は、「念仏できなければ称名せよ」あるいは「称名しながら念仏せよ」というものであった。この場合の念仏は、『観無量寿経』という経名が示すように、イメージと結びついた念仏、すなわち観想念仏であり、「それが難しければ、称名せよ」というのであるから、観想念仏と称名との関係は、「観想念仏が勝、称名念仏が劣」となる。

ただ口に「南無阿弥陀仏」と称えるのは極めて簡単だが、観想念仏は精神を統一して仏の姿形をありありとイメージするのであるから、誰でも実践できる行ではない。

ではこれを念頭に置き、善導の師匠である道綽の浄土教を概観してみよう。道綽は「道綽〝禅師〟」と呼ばれるように、禅定《ぜんじょう》（精神集中）の修行にも精通していた。当時の中国浄土教では、浄土の観想と禅定とは同一線上の事項であった。つまり、精神統一して禅定に入ることで浄土を観想し、仏を観ることが可能になるというわけだ。

では道綽は、往生の方法をどう考えていたのか。彼の主著『安楽集《あんらくしゅう》』から探ってみよう。『安楽集』は『観無量寿経』を注釈した論書だが、彼が「禅師」と呼ばれ、『観無量寿経』が観仏を内容とする経典であることを考えると、彼が考えた往生の方法は自ずと「観仏三昧（＝念仏三昧）」ということになるし、実際に『安楽集』を読めば、道綽の基本的立場は観仏（念仏三昧（あるいは単に念仏）であることは間違いない。

しかし、その一方で、道綽は「称名」にも少なからず言及している点に注意しなければならない。その用例は「称名」単独で用いられるよりは、念仏（及び十念）との関係で説かれることの方が多い。ではつぎに、念仏と称名との関係を考えてみよう。

この十念と称名との関係を、『安楽集』はどう説くのか。まずは道綽自身の主張として、「弥陀の名号を称して安楽国に生ぜんと願じ、声々相次いで十念を成ぜしむべし」とある。また『無量寿経』第十八願を引用するさいは、『観無量寿経』の下品下生の記述に基づき、「命終の時に臨んで十念相続して我が名字を称せんに（『大経』の原文は「乃至十念」）、若し生ぜずんば正覚を取らじ」とする。

さらに『文殊師利所説摩訶般若波羅蜜経』を引用して、「心を一仏に繫けて専ら名字を称して念ずるに休息無かるべし。即ち是《こ》の念の中に能《よ》く過現未来三世の諸仏を見る」、あるいは『鼓音陀羅尼経《くおんだらにきょう》』を引用して、「能く正しく彼の仏の名号を受持して、其の心を堅固にして憶念して忘れざれ。十日十夜、散乱を除捨し、精励に念仏三昧を修習して、若《も》し能く念々に絶えざらしむれば、十日の中に必ず彼の阿弥陀仏を見るを得て、皆往生することを得」とする。

これらの用例から、称名が念仏の補助的（あるいは導入的）な行として機能していることがわかる。観想念仏、あるいは念仏（三昧）は高度な行であり、誰でも実践できるわけではないので、その補助的な行として称名（念仏）を用いるというのが道綽の立場であり、これは法然以前の日本浄土教においても踏襲されている。

世親の『浄土論』

もう一つ、日本浄土教の念仏観を考える上で重要な行である「止観《しかん》」についてまとめておく。法然以降の浄土教では、浄土三部経とならんで重視される論書がある。それは世親《せしん》の『浄土論』である。日本浄土教の視点から見ると、易行道を説いたとされる『浄土論（往生論ともいう）』だが、われわれが想像する易行とはかけ離れているので、注意が必要だ。まずは、この点を確認しておこう。

『浄土論』は〈無量寿経〉や〈阿弥陀経〉を理解しやすく解説した論書であり、その論者は瑜伽行唯識派《ゆがぎょうゆいしきは》の思想家である世親（四世紀にインドで活動）であるから、瑜伽行唯識という教学の立場から浄土の法門を解説したという点を忘れてはならない。ポイントは、浄土往生を目指すために、止観という高度な精神集中の行を必要とすることである。

瑜伽行唯識派の修道論の主眼は、仏が教える一切の物事（一切法）を、既成概念として言葉どおりに理解して終わりではなく、仏がそれらの物事に託して教えようとした意図を、法を対象とする瞑想行を通して体得しようとするところにある。そのためには、教えられた物事（法）に心を集注する「止（シャマタ）」、そしてその物事を明瞭に見通す「観（ヴィパシャナー）」の実践が必要とされる（小谷［二〇一五］）。

曇鸞はこの『浄土論』の注釈書である『浄土論註（往生論註ともいう）』を著し、これが日本の浄土教に大きな影響を与えた。とくに親鸞に与えた影響は大きかったが、曇鸞は世親の思想的背景となる瑜伽行唯識の知識を持たずに注釈したため、その理解には限界が見られる。

しかし、それも無理のないことであった。曇鸞の在世当時（中国・南北朝）、瑜伽行唯識の論書はまだ中国に将来されていなかったからだ。唯識系の論書が漢訳されるのは、唐代の玄奘《げんじょう》の出現を待たねばならなかった。

ではここまでを、簡単に振り返っておこう。法然仏教以降、往生浄土の因としてクローズアップされる十念（あるいは称名念仏）の根拠は、『無量寿経』所説の第十八願にあったが、それはインド原典では「一〇回、心を発《おこ》すこと」を意味し、いわゆる「念仏」ではなかった。

しかし、当時の中国仏教家にとって「インド原典でどう説かれているか」は問題ではなかった。漢訳された経典の内容こそが仏説としての価値を持っていたのであり、そこに「十念」とあれば「一〇回、念仏すること」と理解されたのである。

問題は、その念仏の内容である。初期経典の念仏（如来の十号の随念）から一歩踏み出した観想念仏は当時の念仏観の中心を占め、それに基づく三昧を「念仏三昧」あるいは「観仏三昧」と呼んだ。これとは別に称名という行も初期仏教以来存在し、称名と念仏は近い関係にあったが、道綽の理解に代表されるように、「称名は念仏の補助的（導入的）行」としか位置づけられなかった。その距離を一気に縮めたのが善導である。彼は従来の「称名と念仏」を「称名が念仏」と理解し、両者を同一視した。

また『往生論』では、称名や念仏とは別に、止観が往生浄土の行として考えられていたことも併記しておく。

止観

ここから日本仏教の念仏観について見ていくが、蓑輪［二〇一五］は学と行という視点から通史的に日本仏教を眺めているので、これを参考に話を進めていく。出家者にも学（学問・研究）を得意とする者と、行（修行・実践）を得意とする者とが存在する。仏教発祥の地インドにおいても、僧院に住して学問・研究に勤《いそ》しむ出家者と、山野や森林に留まって瞑想などの行に専心する出家者がいたのである。

この瞑想の内実が、止と観であった。この両者に共通する性質は、心を一つの対象に結びつけることであり、その対象は「業処《ごうしょ》」と呼ばれる。さてこの二つのうち、最初の止は三昧と禅定に分けられるが、三昧とは「心一境性《しんいっきょうしょう》（心を一つの対象に向けること）」を意味するので、この三昧によって心の働きが静かになっていくと、それは禅定に進むものと考えられたのである。このように、心の働きの止滅に向かって心の観察を続けていくのが止である。

一方の観には二種があり、一つは「ある対象に心を振り向けること」、もう一つは「何々は何々である」と認識するような観察である。観の対象となる業処は次第に数が増えていき、さまざまなバリエーション（如来の十号や仏の相好など）が登場する。

さらには、ある一定の「よい言葉」を心の中に思い浮かべて心を結びつけていくという方法から、やがて声に出して、短いフレーズをゆっくり繰り返すという方法も誕生する。これが東アジア世界に流布する念仏や題目になるという。

このように、仏教の伝統の中には、心の働きを止滅させていく止と呼ばれる観察と、心の働きすべてに気づき、言語機能を介した分別の世界から離れ、悩みや苦しみを克服していこうとする観と呼ばれる観察とがあったが、仏教は体験の宗教であるから、観察（行）という修行実践の世界が根底に存在するのである。

さて日本には、山に不思議な能力の源泉を期待していた山岳信仰があり、不思議な力が衰えたときには再び山に入り、その力の回復を図るという考え方があった。よって、行を得意とする出家者は山に入り、止観の修行を行っていたようだ。彼らは山で修行し、不思議な力を獲得した後に里へ下りて、里の人々のために役立てるという素朴な信仰が存在していたのではないか。

日本仏教における念仏

七世紀の半ば過ぎに、道昭《どうしょう》が登場した。彼は唐に留学し、玄奘《げんじょう》のもとで唯識と禅観《ぜんかん》を学んだことが知られているので、七世紀の中葉には本格的な禅観が日本に将来されたことになる。道昭が学んだ禅観は止と観とであったと推測される。こうして、玄奘から学んだ止と観とが道昭を通じて日本に将来された。

ではつぎに、日本の仏教において、念仏がどのように展開してきたかを見ていくことにしよう。奈良時代から浄土教が徐々に拡がりを見せはじめる。たとえば、當麻寺《たいまでら》と元興寺はいずれも『観無量寿経』に基づく浄土の世界を具現化した浄土変相図《じょうどへんそうず》を所有しているが、この変相図は、浄土のありようを心中に思い浮かべる観想の縁として利用されたようだ。

観想は明らかに心の働きを一つの対象に結びつけるものであり、止の実践の一つである。こうして、道昭によって伝えられた禅観の実践とともに、中国仏教に由来する観想念仏と称名念仏という二つの伝統が実践として存在していたと考えられるが、いずれも心の働きを一つの対象に結びつける三昧の行である。

平安時代になると、最澄と空海の出現により、日本に天台宗と真言宗が新たに創設され、それぞれの立場で浄土教が展開していく。まず天台宗における浄土教の展開であるが、最澄以後の天台宗では、円仁《えんにん》が唐に留学して五台山《ごだいさん》に修学し、五台山に伝わっていた、善導に淵源を有する法照《ほっしょう》流の念仏を学び、日本に伝えた。

比叡山では、日本天台独自の修行法が確立されていく。中国の天台には四種三昧《ししゅざんまい》という行法がある。常坐三昧《じょうざざんまい》・常行三昧《じょうぎょうざんまい》・半行半坐三昧《はんぎょうはんざざんまい》・非行非坐三昧《ひぎょうひざざんまい》の四つだが、坐るか歩くかの違いで四種に分けられる。このうち常行三昧は常に歩く行法であり、『般舟三昧経』に基づき、常に阿弥陀仏の名を称え、阿弥陀仏を念ずる行のことをいう。心の中でも、また声にも出して、心を阿弥陀仏に集中させるので、心の働きは阿弥陀仏という一つの対象に結びつき（心一境性）、三昧の行であることがわかる。

円仁はこの常行三昧に法照流の五会《ごえ》念仏を導入した。五会念仏とは五種類の音声からなる念仏、すなわち音楽的な要素を含む称名念仏であり、節回しや抑揚をつけながら南無阿弥陀仏と念仏を称え、堂内を歩き続ける行法が誕生したのである。

比叡山の浄土教で特筆すべきは、源信《げんしん》（九四二～一〇一七）の功績であろう。源信が主張した念仏は観想念仏が主流であり、比叡山の念仏の中ではやや異色であり、主流は称名念仏であったと考えられている。院政期の後半に活躍した良忍《りょうにん》は比叡山東塔の常行三昧堂の堂僧であり、後に融通《ゆうずう》念仏宗の開祖とされるが、その念仏は称名念仏であり、院政期の念仏は称名に重点が置かれていた。東大寺の別当を務めた永観《えいかん》も念仏を重視したが、その念仏は称名念仏であり、南都系の念仏も称名が主流だったと考えられる。

ではつぎに、真言宗における浄土教の展開を見ていこう。高野山の念仏に大きな役割を果たしたのは、覚鑁《かくばん》である。覚鑁は浄土教を真言教学の中に取り込み、大日如来と阿弥陀仏とを同体と見なし、また大日如来の密厳《みつごん》浄土と阿弥陀仏の極楽浄土も同じ場所であると主張した。そしてその念仏は観想のみではなく、称名であったと考えられている（蓑輪［二〇一五］）。

観想念仏と称名念仏の関係

念仏には大きく分けて、観想念仏と称名念仏の二つの流れがあり、このうち、中国では、道綽の浄土教で見たように、観想念仏は難しく、称名念仏は易しいので、称名念仏は観想念仏の導入的な位置づけにあった。

また浄土教の流れではないが、天台の智顗《ちぎ》も同様の理解を示す。さきほど触れた常行三昧の淵源は智顗の『摩訶止観《まかしかん》』にあるが、そこには「若し坐して疲極し、或いは疾病《しっぺい》の困《くる》しむ所となり、或いは睡蓋《すいがい》の覆う所となり、内外の障りの侵して正念の心を奪い、遺却すること能わざれば、当に専ら一仏の名字を称え（後略）」とあり、「さまざまな理由で精神が集中できない場合は称名せよ」と勧めている。

また日本でも、この両者の関係は踏襲され、称名念仏は実践しやすい分、その価値は観想念仏より低くなる。では顕密仏教時代の両者の関係を確認してみよう。まずは観想念仏を重視した源信の態度を、主著『往生要集《おうじょうようしゅう》』で確認する。源信は念仏を、心が集中しているか（定《じょう》業《ごう》）散乱しているか（散業《さんごう》）、また念の対象が具体的（有相《うそう》・事）か抽象的（無相《むそう》・理）かで、つぎの四種類に分ける（北山［一九七三］）。

（一）有相定業（事観念仏）…集中した心で、具体的な相（阿弥陀仏や極楽の景観）を念ずる
（二）有相散業（称名念仏）…散乱した心で、具体的な相（阿弥陀仏や極楽の景観）を念ずる
（三）無相定業（理観念仏）…集中した心で、抽象的対象（たとえば空や真如など）を念ずる
（四）無相散業…散乱した心で無相は念じられないので、これはありえない

というわけで、実際には全部で三つのタイプが存在するが、このうち、（三）理観念仏が最も難解であり、ついで（一）事観念仏、そして最後は（二）称名念仏となるのは明らかだ。

「称名念仏」は、有相散業の者に勧められる最も簡単な行なのである。たとえば、源信は『往生要集』第四章「正修念仏《しょうしゅねんぶつ》」で、「相好《そうごう》を観念するに堪えざるもの有らば、或いは帰命想《きみょうそう》

に依り、或いは引摂想《いんじょうそう》に依り、或いは往生想に依り、応に一心に称念すべし」と言い、阿弥陀仏の相好を観念できなければ、さまざまな想（帰命想・引摂想・往生想）によりながら称名せよと教えているのである。

帰命想とは「阿弥陀仏に帰命し、礼拝するという想い」、引摂想とは「阿弥陀仏が自分を極楽に連れて行ってくれるという想い」、そして往生想とは「浄土に往生するという想い」を意味する。そのような具体的な想いを抱いて称名せよと勧めている。

また第六章「別時念仏」でも、帰命想・引摂想・往生想の念仏にふれながら、観想念仏ができない臨終の者に対しては、称名が説かれている（久米原［一九八八］）。このように、「観想できなければ称名せよ」というのであるから、『往生要集』における観想念仏と称名念仏の上下関係は明らかであろう。

つぎに、南都仏教における両者の関係を簡単にみておく。三論宗の智光《ちこう》は「口念」と「心念」とを分け、「口念とは、若し心に力なくんば、口を将《もち》いて仏を念じ、心を乱さざらしむ」と述べ、心念の力がない時には称名念仏せよと勧めているし、法相宗の貞慶《じょうけい》も、人によっては称名だけで足りるとしても、正しくは称名は浅、心念・観念は深であると述べ、来世相応の行として念仏三昧を勧めているのである（平［一九九二］）。

法然以前の浄土教では、念仏の深まりは、称名念仏→事観念仏→理観念仏の順を追って進むので、称名念仏は最も簡単で実践しやすい導入的な行でしかなく、したがって最も価値の低い念仏として位置づけられていた。

法然の念仏の特異性

では材料が出そろったところで、法然の念仏の特性を浮き彫りにするが、まずは法然の念仏の基本姿勢を確認してみよう。法然仏教の理論的骨子は主著『選択集』にゆずり、ここでは臨終直前に著された法然仏教の真髄ともいえる「一枚起請文《いちまいきしょうもん》」に注目してみよう。短い文章であるからこそ、贅肉《ぜいにく》をそぎ落とし、八〇年の生涯をかけて構築してきた教えのエッセンスが見事に描き出されている。前半を中心に、その内容を記す。

唐土《もろこし》我朝に、もろもろの智者達の沙汰し申さるる観念の念にもあらず。(1) また学問をして念の心を悟りて、申す念仏にもあらず。ただ往生極楽のためには、南無阿弥陀仏と申して、うたがいなく往生するぞと思いとりて申す外には別の仔細候わず。(2) ただし三心《さんじん》四修《ししゅ》と申すことの候は、皆決定《けつじょう》して南無阿弥陀仏にて往生するぞと思ううちにこもり候なり。(3)(中略)智者のふるまいをせずして、ただ一向に念仏すべし。(4)

傍線部分に法然の念仏の特徴が如実に表れている。ここで説かれている念仏、すなわち法然が最終的にたどり着いた念仏は、観念の念仏ではなく、称名念仏であることが強調されている（傍線（1））。その称名念仏も、ただ口で称えるだけの称名念仏であり（傍線（2）（4））、止観と結びついた称名念仏でもない。

往生すると確信（信）して申す称名念仏（行）であること（傍線（2）（3））もここで強調されているが、信と行は不離の関係にあるものの、法然の場合は行が重視される（傍線（4））。信心も念仏を称えることで具わってくるというのが法然の立場である（親鸞は逆に信重視の立場に立つ）。だから、『選択集』の冒頭には「往生の業は念仏を先（あるいは「本」）と為す」と宣言されている。

さて、法然以前の日本仏教の伝統によれば、念仏は観想念仏が主流であり、またそれは止観を内容とする念仏であったが、法然の出現により、念仏から止観は切り離され、しかも宗教的エリートの修する観想念仏は、低俗な行と考えられていた称名念仏にその玉座を譲ることになった。つまり法然は従来の念仏観を根底から覆し、念仏の価値を反転させてしまったのである。

最後にもう一つ、法然の念仏観の重要な特徴を指摘しておこう。それは「念仏でも往生できる（one of them の念仏）」から、「事実上、念仏でしか往生できない（the only one の念仏）」へと念仏観を変えたことである。法然以前の浄土教では、往生の行は念仏にかぎられていたわけではなかった。源信は三種の念仏を想定し、事観念仏や理観念仏を否定してはいない。否、むしろ理観念仏にこそ最大の価値を置いていた。ではなぜ法然は、念仏一行あるいは専修念仏へと舵《かじ》を切ったのか。次章でくわしく見ていこう。

第三章　念仏のアイデンティティ変更

（二）新像を図する失――顕教・密教の行者には阿弥陀仏の光が届かず、専修念仏者のみが救われることを図示した「摂取不捨曼陀羅《せっしゅふしゃまんだら》」を考案し、人々が諸行を修したことを後悔するよう仕向けている。

（四）万善を妨ぐる失――諸善・諸行はすべて釈尊の正法であるから、専修念仏者が法華経読誦《どくじゅ》を堕地獄《だじごく》と言い、造仏起塔を軽んじて笑うのは、往生の道を塞《ふさ》ぐことであり、仏法を謗る罪《そし》である。

（六）浄土に暗き失――『観経』・曇鸞・道綽・善導は、諸行往生を許しており、諸行によって往生を遂げた僧の例証も多い。だが専修念仏者は劣った念仏のみをたのみ、優れた諸行を嫌っている。

アイデンティティとは

本章では、まず「万善を妨ぐる失」と「浄土に暗き失」について考え、本章の最後で「新像を図する失」を取りあげる。中心の主題は（六）の「諸行往生を認めるか否か」である。前章では従来の念仏観の常識を反転させ、法然は観想念仏よりも称名念仏に価値を認め、また「念仏でも往生できる」から、「事実上、念仏でしか往生できない」へと念仏観を変えたことを確認した。では、なぜこのような変更が可能になったのか。それは、法然が念仏のアイデンティティを変更したからである。

辞書を引けば、アイデンティティとは「自己同一性・帰属意識・正体・身元」などと訳されるが、ここでは「自己のよって立つところ・存立基盤」とでも理解しておく。「あなたは何物（誰）か」と問われたとき、どう答えるだろうか。「私は〜である」には、多様な答えがありうる。「私は日本人である」「私は男である」など。

では自分をどう定義したときに、あなたは安心し、それに誇りを持てるだろうか。オリンピックで日本人が金メダルを取り、それを嬉しく思うなら、「あなたは日本人にアイデンティティを持っている」と言えるし、高校野球で京都出身の「〜高校」が全国制覇して嬉しければ、あなたは「京都人」か、あるいは「〜高校」の卒業生であり、それに誇りを持っていれば、あなたのアイデンティティは「京都人」あるいは「〜高校」にあると言える。

私の知人のアメリカ人は、日本人女性と結婚した。国籍の違う親同士の間に生まれた子どもは一般に「ハーフ」と呼ばれるが、彼の息子も小学校で「ハーフ」と揶揄《やゆ》され、引き籠もりになってしまった。言うまでもなく「ハーフ」は日本語で「半分」を意味するから、本人が落ち込むのも無理はない。そこで家族会議を開き、みなで話し合っていると、ふと家族はあることに気づいた。「お前はハーフなんかじゃない。ダブルだ」。

その瞬間、子どもの目の色が変わったという。「そうだ、僕はダブルなんだ！」と。アメリカ人である父から一つ、そして日本人である母から一つをもらい受けた自分はダブルであると気づいたのである。ここにその子のアイデンティティが「ハーフ（半分）」から「ダブル（二倍）」に変更されたことで、彼は自信を取り戻し、学校に行けるようになった。

ここで注目すべきは、彼自身の肉体および外見は何も変わっていないという点である。「ダブル」であるからといって、体重が二倍になったのではないし、血液を入れ替えたわけでもない。考え方を変えたことで、彼のアイデンティティ（存立基盤）が変わり、古い自己は死んで、新たな自己が誕生した。

同じことが宗教でも起こりうる。通過儀礼は死と再生の物語でもあるが、宗教への入門儀礼は通過儀礼でもある。たとえば、仏教では三宝への帰依を表明することで仏教徒となるが、これにより、それまで「根なし草」であった自己は死に、「仏の子」として再生して、アイデンティティが変更される。キリスト教も同様に、入門式で神の子にアイデンティティが変更され、新たな自己がそこからスタートする。これと同様のことが、念仏で起こったが、その変更を行ったのが法然なのである。

善導による第一段階の変更

「ハーフ」と「ダブル」の例で確認したように、念仏の価値が観想念仏から称名念仏に移行したのは、称名念仏の内容や表現自体が変化したのではない。南無阿弥陀仏という六字の名号が一二文字に増えたとか、称名念仏が南無阿弥陀仏とは別の表現に変更されたというのではない。南無阿弥陀仏は南無阿弥陀仏のままで、称名は称名のままで、その念仏の拠って立つ存立基盤自体が変更されたのである。

これから説明するように、念仏のアイデンティティは二度にわたって変更されるが、その変更の元祖は法然ではなく、法然が師と認めた善導であった。善導が第一段階目の変更を行い、それに法然が第二段階目の変更を加えたことになる。ではまず、善導の変更から見ていくことにしよう。

念仏はインドに淵源を有する行であるが、数あるうちの行（諸行）の一つに過ぎず、何ら特別な行ではなかった。念仏と同様に称名という行も存在したが、それが中国に入ると、善導が念仏を称名と解釈し、ここに両者が同一視されて、「称名念仏」という新たな行が誕生する。しかし善導の功績はこれに留まらず、この念仏に特別な意味を認めたことにある。それが「本願念仏」だ。

善導は念仏を単なる行の一つではなく、「阿弥陀仏の本願で誓われた念仏」「阿弥陀仏が本願で往生を保証された念仏」に昇華させた。こうなると、念仏はもはや単なる行の一つではなく、特別な意味を付与された念仏に様変わりする。これが念仏のアイデンティティの変更だ。法然は四三歳で善導の『観経疏』の一節により回心したとされるが、その一節とは、つぎのとおりである。

一心に専ら弥陀の名号を念じて、行住坐臥に時節の久近を問わず、念念に捨てざるもの、是を正定の業と名づく。彼の仏の願に順ずるが故に。

つまり、称名念仏こそ極楽浄土に往生することが確実な実践（正定の業）であるが、それはなぜかというと、阿弥陀仏の本願に順ずるからだという。つまり、称名念仏は阿弥陀仏が四八の過去世の誓願（本願）のうち、第十八願において浄土に往生することを約束した業であるから、称名念仏は往生浄土に正しく定まった業（正定の業）であるというのである。かくして、

「単なる念仏」は「本願念仏」へとアイデンティティが変更されるが、これが善導による第一段階目の変更である。

法然による第二段階目の変更

善導が変更した「本願念仏」のアイデンティティをさらに変更し、「選択本願念仏」へと、第二段階目の念仏アイデンティティの変更を行ったのが法然である。法然は善導の本願念仏をさらに進め、これを選択本願念仏へと昇華させた。では本願念仏が最終的に選択される経緯を確認してみよう。三重の選択によって本願念仏が選択されることはすでに確認した。

（一）第一重（聖道門／浄土門）…聖道門を閣《さしお》いて、選んで浄土門に入れ
（二）第二重（雑行／正行）…諸の雑行を抛《なげうち》て、選んで正行に帰すべし
（三）第三重（助業／正定之業）…助業を傍らにし、選んで正定を専らにすべし

『選択集』の第一章では（一）、第二章では（二）、そして第三章では（三）の選択が論じられるが、ここで重要なのは、〝それを選択したのは誰か（選択の主）〟ということである。第一章の章名は「道綽禅師、聖道・浄土の二門を立て、しかも聖道を捨てて正しく浄土に帰するの

文」であるから、浄土門を選んだのは道綽である。

つぎに第二章の章名は「善導和尚、正雑二行を立てて、雑行を捨てて正行に帰するの文」なので、正行を選んだのは善導である。では第三章はどうか。その章名は「弥陀如来、余行をもつて往生の本願としたまはず、ただ念仏をもつて往生の本願としたまへるの文」とある。

つまり、第一重と第二重の選択は〝人間の側（道綽と善導）〟の選択であるが、第三重の選択は〝仏の側（阿弥陀仏）〟の選択であり、同じ選択でもその主語は根本的に異なる。善導が考案した本願念仏は、実は阿弥陀仏が特別に選択した念仏（選択本願念仏）であると法然は解釈したのである。しかし、この第三重の選択には注意を要する。というのも、これはあくまで法然の解釈であり、経典の記述に基づくもの（経証）ではないからだ。この点をさらにくわしく考えてみよう。

『無量寿経』で説かれる四八願のうち、往生の行に関する願は、第十八願から第二十願までの三つであるが、その内容はつぎのとおり。

（一）第十八願…至心に信楽し、我が国に生まれんと欲して、乃至十念せん
（二）第十九願…菩提心を発して諸々の功徳を修め、至心に発願して我が国に生まれんと欲する

（二）第二十願…我が名号を聞きて、念を我が国に懸け、諸々の徳本を植え、至心に廻向して我が国に生まれんと欲する

このように、念仏以外にも往生の行が誓願で約束されているため、念仏だけが阿弥陀仏によって選択されたとはいえない。末木［二〇〇四］も「第十八願だけが往生の行を述べた願文ではないのに、法然はそのような可能性にすべて目を瞑《つぶ》り、第十八願だけを往生の行を述べた願として認め、そこで専称仏名が選取されたと見る。第十九願と第二十願の扱いは、門下の大きな課題として残されることになる」と指摘する。

つまり「阿弥陀仏は念仏だけを往生の行として選択した」というのは経典に根拠がなく、「阿弥陀仏は念仏を選択された」というのはあくまで法然の解釈である。そしてこの解釈に基づき、法然は称名念仏を選択した。その意味では、第一重の選択は道綽の選択を法然が選択し、第二重の選択は善導の選択を法然が選択し、第三重の選択は阿弥陀仏の選択を法然が選択したことになり、三重の選択はすべて、道綽・善導・阿弥陀仏の選択と法然の選択の「二重写し」になっている。しかし、浄土宗ではこの法然の解釈に基づき、第三重の選択を、法然の選択ではなく阿弥陀仏の選択と受け取る。

八種選択

ではこの三重の選択の根拠は何か。それは「八種選択」にある。『選択集』第一六章では本願念仏の選択を含め、「仏による念仏の選択」を八種にわたって説いている。以下の（一）～（三）は『無量寿経』、（四）～（六）は『観無量寿経』、（七）は『阿弥陀経』、そして（八）は『般舟三昧経』を典拠とするが、その内容はつぎのとおり。（ ）内は、それが説かれている『選択集』の章を表す。

（一）選択本願…阿弥陀仏が本願念仏を選択したこと（第三章）
（二）選択讃嘆…ブッダは往生の行を列挙するが、念仏のみを選択して讃嘆したこと（第五章）
（三）選択留教…ブッダは余行や諸善に言及するが、念仏の教えのみを選択して後の世に留め置いたこと（第六章）
（四）選択摂取…弥陀の光明は念仏の衆生のみを照らし、摂取して見捨てることがないこと（第七章）
（五）選択化讃…下品下生の衆生には聞経と称名の二つの行が説かれるが、弥陀の化仏は念仏のみを選択して、衆生を励ますこと（第一〇章）
（六）選択付属…ブッダは定善（精神を集中して行う善）散善（散乱した心で行う善）を説いて

はいるが、念仏の一行のみを後世に付属したこと（第一二章）

（七）選択証誠…六方の諸仏は、諸行ではなく念仏による往生こそ真実（誠）であると証したこと（第一四章）

（八）選択我名…弥陀が自らの名前のみを選択したこと（対応箇所なし）

この八種選択のうち、阿弥陀仏の選択は（一）（四）（五）（八）、ブッダの選択は（二）（三）（六）、そして六方の諸仏の選択は（七）である。法然は「弥陀・釈迦・六方諸仏」をもって〝一切の仏〟を象徴させ、その一切の仏が念仏を選択したと理解することで、本願念仏の選択に普遍性を持たせようとした。この直後に法然は「三重の選択」を簡略に再説するので、この「八種選択」が「三重の選択」の根拠となる。

本願念仏が選択された根拠

ではふたたび『選択集』第三章に戻り、阿弥陀仏が本願念仏を選択した理由を法然はどう考えたのか。「何が故にぞ、第十八の願に、一切の諸行を選捨して、ただ偏に念仏一行を選択して、往生の本願とするや」と法然は自問し、「聖意測り難し、たやすく解することあたわず」と前置きして、「勝／劣」「難／易」の観点から答えるが、この前置きこそ、以下の説明には

「経証」がなく、法然自身の解釈であることを如実に物語っている。まずは「勝／劣」から。

念仏はこれ勝、余行はこれ劣なり。ゆゑいかんとなれば、名号はこれ満徳の帰する所なり。しかれば則ち、弥陀一仏の所有の四智・三身・十力・四無畏《しむい》等の一切の内証の功徳、相好・光明・説法・利生等の一切の外用の功徳、皆ことごとく阿弥陀仏の名号の中に摂在せり。故に名号の功徳、最も勝とするなり。余行はしからず。

このように、名号は「万徳の帰する所」、すなわち内証の功徳（目には見えない仏の功徳…四智・三身・十力・四無畏等）と外用の功徳（目に見える仏の功徳…相好・光明・説法・利生等）など、すべての徳がそこに含まれているから名号は優れていると法然は説明する。

つぎに「難／易」に関しては、「念仏は易きが故に一切に通ず。諸行は難きが故に諸機に通ぜず。しかれば則ち一切衆生をして平等に往生せしめむがために、難を捨て易を取りて、本願としたまふか」という前置きにつづき、法然はつぎの四つの例を挙げる。

（一）造像起塔をもって本願とすれば、貧窮困乏の人々は往生の望を断たれてしまうが、富める者は少なく、貧しい者は多い

（二）智慧高才をもって本願とすれば、愚鈍下智の者は往生の望を断たれてしまうが、智慧の者は少なく、愚痴の者は多い

（三）多聞多見をもって本願とすれば、少聞少見の者は往生の望を断たれてしまうが、多聞の者は少なく、少聞の者は多い

（四）持戒持律をもって本願とすれば、破戒無戒の者は往生の望を断たれてしまうが、持戒の者は少なく、破戒の者は多い

そして、これを締めくくって、法然はつぎのように述べる。

まさに知るべし。上の諸行等をもつて本願とせば、往生を得る者は少なく、往生せざる者は多からむ。しかれば則ち、弥陀如来、法蔵比丘の昔、平等の慈悲に催されて、普く一切を摂せむがために、造像起塔の諸行をもつて本願としたまはず。ただ称名念仏の一行をもつて、その本願としたまへるなり。

称名念仏が易行であるのは間違いないが、「易かろう悪かろう」では意味がない。実践のし易さに加えて、称名念仏は劣行ではなく、勝行でなければならず、法然はその根拠を「万徳の

帰する所（万徳所帰）」に求めることで、念仏の価値観の逆転を試みた。易行かつ勝行である念仏を阿弥陀仏が衆生のために選択したと法然は解釈し、だからこそ法然はその念仏を選び取ったのである。

そして、法然がそう解釈した理由は、「法蔵比丘の昔、平等の慈悲に催されて、普く一切を摂せむがために」に如実に表されているように、「阿弥陀仏の慈悲は平等でなければならない。だから衆生はみな、もちろん自分も含め、平等に救われなければならない」という信念が法然にはあった。本書の第二章ですでに指摘したように、法然は平等性を徹底的に追求したのである。

本願念仏と選択本願念仏の違い

このように、善導の本願念仏を、法然は選択本願念仏に変更した。ではこの変更によって、何がどう変わるのか。平［一九九二］は、つぎのように説明する。

善導の本願念仏説とは「称名は弥陀の本願ゆえに、称名念仏だけで往生できる」というものであるが、法然の選択本願念仏は「称名は弥陀が選択した唯一の往生行であるから、称名念仏以外では往生できない」と主張するもので、法然は諸行往生を否定した上での専修念仏を主張した。よって、両者は明確に区別されなければならず、選択本願念仏説は諸行の往生行としての無価値化、すなわち諸行往生の否定を本質としているという。これをもって平は、法然の「偏執《へんしゅう》」を説明する。

確かに法然は諸行を否定し、称名念仏の一行に帰したわけであるから、諸行を否定していることは確かだが、問題はその否定の内容である。平の説によれば、法然の選択本願念仏説は「称名念仏以外では往生できない」ことを意味するので、法然は諸行往生を完全に否定したことになり、「諸行往生完全否定説」と言いかえられるが、この説に対してはさまざまな研究者が反論を加えている。

たしかに、『選択集』第二章で、善導の『往生礼讃』にある「念仏は十人が十人とも、百人が百人とも往生できるが、それ以外の行は百人の中で一人か二人、千人の中で三人か五人しか往生できない。（中略）念仏すれば、十人は十人とも往生するが、諸行を修するものは千人に一人もいない」を引用し、最後の私釈（法然自身の解釈を述べる部分）ではつぎのように述べている。

私に云く、この文を見るに、いよいよすべからく雑を捨てて専を修すべし。あに百即百中の専修正行を捨てて、堅く千中無一の雑修雑行を執せむや。行者よくこれを思量せよ。

これをみれば、諸行による往生は「千中無一」であり、諸行を完全否定しているようにも読めるし、ここが「諸行往生完全否定説」の根拠にもなっているが、これを文字どおりに受けとってよいかどうかは問題である。

ほかの法然の文献にも諸行往生を認める用例があることから、私も法然の立場は「諸行往生完全否定説」ではなかったと考えているが、ではこの同じ『往生礼讃』内での齟齬《そご》をどう考えるか、そして法然自身が「千中無一」を主張しているのに、法然の立場が「諸行往生完全否定説」でないとするなら、いかなる会通（矛盾を解消する合理的解釈）が可能か。ここでは、本庄［二〇一二］によりながら、この問題を整理する。

本庄は『選択集』が理論書・教義書であるとともに、布教書・実践書の側面もあわせもち、「～である／でない」と論定するとともに、「～せよ／するな」と実践を勧奨したり抑制したりするものであると前置きし、つぎのように指摘する。

（一）『往生礼讃』の「諸行往生」…念仏往生は百発百中であるが、諸行往生はかなり確率が低い＝理論

（二）『往生礼讃』内での齟齬………しかし現実には、諸行往生では一人も往生するものがいない＝現実（善導の見聞）

（三）私釈の法然の立場……………往生を求める人は雑行（諸行）を捨て、正行（念仏）に励むべきである＝勧奨

法然からすれば、（一）が善導における理論的根拠、（二）は善導が見聞した当時の現実、そして（三）は（一）（二）をうけた結論であるが、〝理論上〟の結論ではなく、〝実践上〟の結論、すなわち余行を捨てさせ、念仏に導くための勧奨と見るのである。とすれば、法然の諸行に対する基本姿勢は「完全な否定」ではなく、「事実上の否定」ということになる。諸行往生の可能性はかぎりなくゼロに近いが、ゼロではない。

念仏が百発百中の往生行として阿弥陀仏が選択したということは、その他の行（諸行）が「百発百中でなかった」ことを意味するだけであり、それが直ちに「諸行がすべて往生の可能性ゼロの行であること」を意味するわけではないのである。

法然の教判論の特徴は、末法およびそこに住まう凡夫という時機相応の観点からなされるものであり、教えそのものの価値や優劣を普遍的な観点から論じているわけではないので（香月［一九四九］）、諸行の否定もその線にそって理解する必要があろう。決して諸行は普遍的に価値なしと断定しているわけではないのである。

「偏依善導一師」再考

このように念仏は、善導と法然による二段階のアイデンティティ変更を経て、特別視されることになるが、このアイデンティティ変更により、念仏観がどのように変化したかをまとめておく。

（一）止観と結びついた念仏　↓　称名念仏（ただ口に南無阿弥陀仏と称える念仏）

（二）称名念仏よりも観想念仏が勝れた行　↓　観想念仏よりも称名念仏が勝れた行

（三）数あるうちの一つとしての念仏　↓　阿弥陀仏が選択した特別な念仏

このように、法然は善導によりながらも独自の念仏観を打ち出したが、だとすれば、ここで一つの問題が生じてくる。「偏依《へんね》善導一師（偏えに善導一師に依る）」の問題である。法然は四三歳のとき、善導の著した『観経疏』の一節で回心しているし、『選択集』には、『観経疏』をはじめとする夥《おびただ》しい数の善導の著作を引用しているので、法然は自己の思想形成において、善導から絶大な影響力をうけた。それゆえ『選択集』第一六章において、法然はつぎの四段階を経て、「偏依善導一師」の理由を説明する。

（一）聖道門ではなく浄土門をもって宗となすこと
（二）三昧発得《さんまいほっとく》（宗教体験）していること
（三）同じ三昧発得していても、弟子（懐感《えかん》）より師匠（善導）が優先されること
（四）道綽は善導の師匠だが、道綽は宗教体験をしていないこと

このようなふるいにかけて選び出した善導に法然は全幅の信頼を寄せ、「偏依善導一師」を標榜したが、では法然は善導の教えを寸分違《たが》わず踏襲し、善導の教えから一歩も踏み出さなかったかというと、決してそうではない。本願念仏から選択本願念仏への展開は、偏依善導の立場を超えている。

これ以外にも、法然が善導を超えた例として三心《さんじん》の解釈がある。『観無量寿経』で九品《くほん》往生を説く中の上品上生の段に「三種の心を発《おこ》せば往生する。その三つとは何かというと、至誠《しじょう》心《しん》・深心《じんしん》・廻向発願心《えこうほつがんしん》である」とあり、これをうけて善導は念仏に加えて三心を往生の条件とする。

偏依善導一師を標榜する法然なら、「三心＋念仏」を踏襲しないといけないはずだが、本願念仏のみを阿弥陀仏が往生の行として選択したとすれば、念仏以外の要素（三心）が念仏に加わることは、選択本願念仏説と齟齬をきたす。

法然は『選択集』で三心と念仏の関係について何も触れていないが、「十二問答」では「つねに念仏をだに申せば、そらに三心は具足するなり」、また法然の遺言である「一枚起請文」では「三心四修と申すことの候は、皆決定して南無阿弥陀仏にて往生するぞと思うちにこもり候なり」とし、念仏の中に三心は収まるとみた。

こうして「三心＋念仏」という善導の往生思想は、法然に至って三心は念仏に吸収され、往生の行は本願念仏の一行に収斂《しゅうれん》することになる。偏依善導を標榜しながらも、要所では法然は独自性を発揮しているのだ。

ただしここで注意を要するのは、法然自身の心情として「私は独自性を発揮し、善導を超えた」などとは思っていなかった点である。法然の立場はあくまで「善導の全人格に偏依する」であり、その善導の「本願念仏」をさらに徹底させた結果、法然は「選択本願念仏」に帰着した。

つまり、学問的に見れば〝結果として〟法然は善導を超えたことになるが、〝超えた〟という意識は微塵もなかったであろうし、あくまで本願念仏を徹底させただけであったに違いない。法然にとっては、本願念仏の必然の帰着が選択本願念仏であった。浄土宗義の立場では、本願念仏と選択本願念仏とは同じであり、善導と法然は一轍《いってつ》であるとされる（深貝［一九七八］）。

変容する仏教

インドのブッダに端を発する仏教は、多様な展開を遂げたが、その原因は何であったか。本書では、数ある仏教のうち法然仏教に焦点を当てて説明を加えてきたが、そこに至るまでにはインドから中国を経て日本に至る浄土教の変容の長い歴史があった。これは浄土教にかぎったことではない。今一度、ここでその変容の過程を整理しておこう。

そもそも、法然にいたって結晶化される選択本願念仏の起源は、大乗経典の一つである〈無量寿経〉にあった。ここでは法蔵菩薩が四八の誓願を立て、その願が成就したため、法蔵菩薩は阿弥陀仏になったが、その第十八願が念仏の根拠であった。

しかし、康僧鎧訳の『無量寿経』第十八願にある「十念」は、インド原典では「〈極楽浄土に生まれたいという〉心を一〇回発すこと」であった。だが、中国人にとって、インド原典よりも漢訳仏典に価値が置かれたので、漢訳に「十念」とあれば、それは「一〇回の念仏」と理解されるのも当然である。

さて、これとは別に初期仏教以来あった「念仏」という行は、文字どおり「仏を念ずること」であった。最初期は「仏の十号」という抽象的なものを念ずる念仏から、仏の具体的な姿形などを念ずる観想念仏が誕生する。これにはおそらく、仏像の誕生も影響しているかもしれない。

ともかく、中国の善導は『無量寿経』の「十念」を「十声（＝称）」と読み替え、ここに観想念仏に加えて、称名念仏が誕生することになった。そして、善導はこの称名念仏を阿弥陀仏の本願で往生が約束された念仏ととらえ、「本願念仏説」が打ち立てられる。この善導の本願念仏説に大きな影響をうけた法然は、偏依善導の立場をとりながらも、善導の本願念仏説をさらに進展させ、「選択本願念仏説」を誕生させた。

また『観無量寿経』で往生に必要とされた三心を、善導は念仏と並んで往生浄土の要件としたが、選択本願念仏で念仏の一行のみを往生行と考えた法然は、念仏以外を往生の要件にはできず、善導が重視した三心を念仏に吸収することで、念仏の一行の立場を固持した。

非常に雑駁《ざっぱく》であるが、浄土教の変容のポイントをまとめると、以上のようになる。しかしここで、読者の多くは疑問を持たれるに違いない。「これほど開祖ブッダの教えから遠く隔たった仏教を、はたして仏教と呼べるのかどうか」と。しかも、誤解ともいえる善導の読み替えや、恣意《しい》的な法然の解釈に基づく教えに、仏教としての価値はないという批判も出てくる。この問題を考えてみよう。

善導や法然に対する批判

まずは、仏教嫌いの日本史学者である津田左右吉の批判を紹介しよう。津田［一九五七］は、善導の「十念」から「十声」への読み替えを、つぎのように批判する。

故意の改作と錯誤との二つのみちすぢが考へられるが（中略）、彼等の尊重する経典そのものに対しても、彼等みづからのしごととしても、極めて不忠実な、恣な、また甚しく不用意な、しわざであつたに違ひない。

厳しい批判である。近年では津田と同様に、末木や平も批判的な態度をとる。まず末木［二〇〇四］は法然の選択について、つぎのように述べる。

教判という面から最も重要なのは釈迦の選択である。なぜならば、弥陀が選択したというだけならば、弥陀を信ずる人には絶対であるかもしれないが、仏教全体の中で優越性を主張することはできない。しかし、釈迦が弥陀の選択を認め、念仏を選択したのならば、釈迦が他の諸教・諸行に対する念仏の優越性を認めたことになり、仏教全体の見直しを要求することになるからである。

つまり末木は、阿弥陀仏ではなく仏教の開祖ブッダの選択にこそ権威があると説き、阿弥陀仏の選択には仏教としての普遍性がないと指摘する。同様に平［一九九二］も「法然が聖道門を捨て浄土門に帰する根拠を、ブッダ（あるいは仏説の経典）ではなく、道綽や善導という人師の説に求めていることには説得力がない」と指摘する。

これも仏教の開祖はブッダであるから、法然はブッダの言説にこそ「聖道門を捨て浄土門に帰する根拠」を求めるべきであったという。いずれも、法然の選択の瑕疵《かし》を「開祖ブッダの不在」にみる点で共通しており、『興福寺奏状』の「釈尊を軽んじる失」を彷彿《ほうふつ》とさせる。

たしかに、仏教の開祖はブッダであり、阿弥陀仏は浄土教というかぎられた仏教、あるいは浄土経典に登場する仏なので、その阿弥陀仏を根拠にしても普遍性はないし、ましてや道綽・善導という人師の言説を根拠に論を展開しても、根拠薄弱の誹《そし》りは免れない。ではこれをどう考えればよいであろうか。このような善導や法然の解釈は間違っているのだろうか。仏教発祥の地インドでは、そのような事態はなかったのだろうか。

アビダルマ仏説論

これについては、本庄［二〇一一］の優れた研究があるので、それを手がかりに話を進める。キリスト教の聖書と異なり、仏教の経典は膨大である。聖書は片手で持てるが、経典は両手でも持ち上げることは困難だ（ただしデジタル化されたものは除く）。そのような膨大な経典を精読すれば、場所によってブッダの言説に矛盾が見られる。

たとえば、一方で「一切はみな苦である」と言いながら、他方で「苦あり、楽あり、その中間あり」とブッダは述べる。このような場合、キリスト教なら「公会議」を開いて正統説を一つに絞り、他の解釈を異端として徹底的に排斥するだろうが、仏教はそのような道を選択しなかった。なぜなら、当時の仏教徒は「仏は無意味なことは言わない」と考えたからだ。よって、どちらか一方を採択し、他方を斥けるという態度を採らなかったのである。

では、このような矛盾する教説に出くわしたとき、彼らはどうしたかというと、どちらか一方を「文字どおりに受けとってもよい説」(了義《りょうぎ》)と考え、他方は「文字どおりに受けとってはいけない説」(未了義)、すなわち仏が衆生を教化するための「裏の意味」(密意)が隠されていると考えた。どちらを了義として採択するかは部派・学派(後述第四章)によって異なる。

仏教の典籍は、経蔵(仏が説いた経典)、律蔵(仏が制定した戒律の集成)、そして論蔵(経蔵と律蔵に対する註釈書)という三蔵に分類される。経蔵と律蔵とは仏説、すなわち仏が説いたことになっているが、論蔵は後代の仏教徒が作成した註釈文献であるから、仏説ではない。

ところが、経蔵や律蔵の矛盾した言説に対し、密意を探る努力を積み重ねた結果は「論蔵」に集約されることになるので、論蔵こそが各部派によってブッダの真意を代表する「仏説」として、その地位を高めていく。そしてついに、ある時期、論蔵は三蔵の中で最高の権威を有する典籍と見なされるに至った。

論蔵では、何かを立証したり立論する場合、教証（経典の教説による証明）だけではなく、理証（道理による証明）が要求されるが、経典に説かれる言葉の重みは相対的に失われ、ブッダの説といえども、個々の経は、まず「文字どおり受け取ってよいか」という問いかけと論理的吟味なしには読むことがゆるされなくなってしまった。

かくして、「アビダルマ（論蔵）は仏説である」という説がインドで展開されることになった。そしてこのアビダルマ仏説論は大乗仏説論へと展開していくことになるが、詳細は本庄［一九八九］に譲る。

宗義と聖典解釈法

これを前提に、本庄はインド以来の仏教史の中で、仏教徒が培ってきた「宗義における聖典解釈法」について論を進める。本庄は、インド（部派《ぶは》仏教）と日本（『選択集』）の違いはあるが、聖典解釈の原則は変わっていないこと、換言すれば、仏滅後、インドで行われた聖典解釈の方法は日本の中世の法然にも受け継がれていることを、説得力ある形で論証する。そしてそのポイントは、つぎの一文に集約できる。

宗義に基づく、あるいは宗義を立てるための聖典解釈においては、仏説の表面的な文言よりも、解釈者の解釈が優先される。（傍線：平岡）

いかなる宗義も仏説（経典）に典拠を置くのは当然だが、仏説そのものが多種多様で矛盾していれば、仏説の文言を解釈する側からの吟味なしにそのまま素直に受けとって最終判断基準とするわけにはいかなくなる。矛盾した教説に出くわした場合、ブッダが生きていれば彼に訊《き》けば決着はつくが、仏滅後、その道が閉ざされたとき、「どの説がブッダの真意であるか」を、権威ある仏教思想家（たち）が決め、一貫した体系を造っていかざるをえなかった。

その際、立論にあたっては、教証のみならず、理証が要求されることになったのも当然であり、ブッダの説といえども、個々の経は、まず「文字どおりに受け取ってよいか」という問いかけと論理的な吟味や解釈なしに読むことは許されなくなってしまったのである。

ではこれをふまえ、先ほどの末木と平の批判の妥当性について再び考えてみよう。まず末木の指摘に対してであるが、本庄は「問題は、あらゆる仏教徒にとって、その釈迦の直説じたいが吟味されなければならない点にあり、宗ごとに解釈の異なる余地があるという点にある。「釈迦の説であるから」「経典にあるから」ということだけでは、最終的な根拠とはなりえないのである」と指摘する。

また平の指摘に対しては、「そもそも釈迦の直説じたいが仏教の揺籃期以来区々なのであり、釈迦の直説を提示したとしても、「それはそちらの宗でこそ了義経であろうが、こちらの宗では未了義である」と返答する立場もある」と指摘する。津田を含め、三人の批判は中国や日本の仏教に向けられているが、仏説が仏説であるという理由で「最終的な正しさの根拠とされる」事態は、すでにインドの部派仏教（後述第四章）の時代において消滅しているのである。

というわけで、聖典の〝解釈〟はすでに仏滅後のインドに始まっているのであり、ことさらに、善導や法然のみが聖典に〝恣意的な解釈〟をしたわけではない。仏教はそのように展開してきたのであり、したがって仏教の歴史は聖典解釈の歴史でもあるのだ。

宗教体験の重要性

しかし、解釈はあくまで解釈であり、そこに恣意性が忍び込む余地は充分にある。仏教の歴史が聖典解釈の歴史であるとして、そのように解釈に解釈を重ねた仏教および仏教の教説に、宗教（仏教）としての価値はあるのかが問題になるだろう。現時点ではこれについて確たる答えは持ち合わせないないので、私見を述べることにする。

善導や法然のみならず、仏教史に名を残した仏教徒は「学者」の顔を持つのはもちろんだが、たんなる学者ではなく、敬虔な仏教徒、つまり仏教の実践家でもあった。彼らは実践を通して自らの思索を深め、新たな思想を樹立していったのである。ここで再度、善導と法然に話を戻そう。法然が偏依善導一師を標榜した理由の一つは、善導が三昧発得（宗教体験）をしているからであった。宗教体験をしていない道綽は、たとえ善導の師匠であっても道綽に偏依することはなかった。

また法然自身も三昧発得したと伝えられている。伝記資料ゆえに、ことの真実は不明だが、持戒の生活を遵守し、日課念仏として六万遍を実践した法然であるから、宗教体験をしていても不思議ではない。仏教は単なる教説ではない。実践を伴い、実践を通して覚りに至る宗教であるから、実践者の言葉は重く、その解釈には説得力がある。

しかしそれでもなお、その言葉や解釈に普遍性があるかどうかは客観的に判断できない。では何を判断基準にすればよいかというと、それは仏教の目指す「苦の滅」に資する教えとして継承され、後世に生き残るかどうかである。いい加減な解釈や恣意的な解釈の上に立つ教説は、もうとっくに滅びているに違いないからだ。

悠久の仏教の歴史において、日の目を見ることなく、あるいは日の目を見たとしても、その途中で消滅してしまった教説もあったに違いない。その視点で法然仏教を見ると、八〇〇年が経過した現在でも、生きている。とすれば、宗教体験に基づく法然の解釈には、一定の妥当性・普遍性を認めなければならないだろう。

摂取不捨曼陀羅

本章の最後に、「新像を図する失」を取りあげよう。念仏のアイデンティティが本願念仏から選択本願念仏に変更されたことは、事実上、往生行を念仏に一本化することになるので、救済の対象も念仏者に一本化され、「念仏者のみが阿弥陀仏の光明が照らされる（＝救済される）」という誤解を生んだ。

ここで言われている「摂取不捨曼荼羅《せっしゅふしゃまんだら》」なるものは現存せず、実際にどのような図柄かは判断できないが、その名前から、『観無量寿経』の一節「光明遍照　十方世界　念仏衆生　摂取不捨」に基づいていることは明らかである。よって、「摂取不捨曼荼羅」そのものを取りあげる代わりに、この一節を法然がどう解釈したかを考えてみよう。この一節の読み方には、つぎの二つの可能性がある。

（一）光明は遍く十方の世界を照らし、念仏の衆生を摂取して捨てたまわず
（二）光明は遍く十方の世界の念仏の衆生を照らし、摂取して捨てたまわず

ポイントは、阿弥陀仏が照らしているのが「十方の世界」なのか、あるいは「十方世界の念仏の衆生」なのかにある。前者であれば、阿弥陀仏の光明はすべての衆生に平等に注がれてい

るが、その光に気づいた者だけが救済されるという意味になるし、後者であれば、そもそも阿弥陀仏の光明は念仏の衆生しか照らしておらず、したがって阿弥陀仏の慈悲は限定的なものとなる。大きな違いだ。

浄土宗の宗歌ともなっている法然作の「月影《つきかげ》」は、この『観無量寿経』の一節を和歌にしたものであり、「月影の　いたらぬ里は　なけれども　ながむる人の　こころにぞすむ」という内容であるが、この歌の内容は（一）に基づいている。なぜなら月影（阿弥陀仏の光明）はすべての里（十方世界）に行き渡っているからだ。救済は、その月影を眺める（＝気づく）かどうかにかかっている。

そもそも、漢文としての原意は（一）である。（一）を意味する通常の漢文の語順は「光明遍照十方世界　摂取念仏衆生不捨」だが、これは仏教漢文であり、正規の用法（語順）から外れている。そこで「遍」の字に注目すると、仏典における「遍」は場所にかかるのが普通であり、この場合は「世界」にかかっている。「念仏の衆生を〝すべて〟照らす」のなら、「遍」ではなく、「皆」や「都」が使われる。

しかし、法然は『選択集』第七章で（二）の解釈をしていると思われる箇所もあるので、注意が必要だ。その章名には「弥陀の光明は余行の者を照らさず、唯《た》だ念仏の者を摂取するの文」とあり、弥陀の光明に偏りがあるように読める。この問題を解く鍵は、光明の理解にある。

インド仏典の『大智度論《だいちどろん》』は、光明を二種に分け、目に見える光明と目に見えない光明とがあるとする。善導はこれに基づき、阿弥陀仏の放つ光を、十方を照らす「物理的な光」と、念仏者を照らして念仏者を摂護する「精神的な光」の二種に分け、後者を「心光」と呼ぶ。これに基づけば、「その仏身の相好から放たれる光明は十方の衆生を照らすが、心光に至っては、ただ念仏の衆生のみがその護念の益をこうむる」と解釈でき、法然もこの善導の解釈を踏襲していると考えられる（石井［一九五九］）。

ともかく、このような複雑な経緯もあり、「摂取不捨曼荼羅」は誤解され、批判の対象になったと考えられるのである。

第二部　法然仏教と社会

第四章　浄土宗の開宗

（一）新宗を立つる失――奈良・平安以来の八宗は伝灯相承を備え勅許を得ているのに、法然はそのいずれもないまま勝手に浄土宗を名のっている。

（三）釈尊を軽んずる失――釈尊の恩徳が重いことは誰でも知っており、浄土教も釈尊が説いたものであるのに、専修念仏者は阿弥陀仏以外の仏を礼拝したり、名号を称えることがない。

インドにおける教団の分裂と部派の誕生

では法然仏教と社会との関係を考える上で、「新宗を立つる失」について考えてみよう。その後、これと間接的に関わる「釈尊を軽んずる失」を取りあげる。顕密仏教側は法然が浄土宗という新たな宗を立てたことを問題視するが、浄土宗開宗はいかなる点で特異だったのか。

日本仏教で「~宗」といえば、本山がどこかにあり、その宗に所属する寺にはその宗で資格を得た僧侶が住み、またその寺の檀家《だんか》が布施《ふせ》によって経済的にその寺ないしは宗派を援助しているというのが一般的な構図だ。では、本国インドではどうだったか。宗派に相当するようなものはあったのか。まずはこのあたりから考えてみよう。

仏教の開祖はブッダである。今から二五〇〇年ほど前、今のネパールあたりで生まれたガウタマ・シッダールタという王子が出家し、覚りを開いてブッダとなった。ブッダとは本来「(真理に)目覚めた人」を意味する普通名詞である。しかし、シッダールタが最初に真理に目覚めたので、彼のことを特別に「ブッダ」と固有名詞化して呼ぶこともある。

ブッダは覚りを開いた後、自ら覚った真理を他者に説き、それに共感した者たちがブッダの弟子となった。こうして教団ができあがる。ブッダが生きていた頃、教団は和合を保ち、出家者たちは仲良く暮らしていた。しかし、ブッダも人間である。八〇歳を迎えたとき、天寿を全うして亡くなった。教祖が生きている間はよいが、教祖が亡くなると教団の求心力は衰える。ブッダを亡くした当時の教団もご多分に漏れず、仏滅後しばらくすると、教団は分裂の危機を迎えた。

分裂の原因はさまざまあるが、その一つに金銭の授受をめぐる解釈の違いがある。戒律では、出家者が金銭を布施として受け取ることは禁止されていたが、仏滅後、戒律を厳密に守ろうとする者たちと、緩やかに解釈しようとする者たちとの間で意見が衝突し、それまで和合を保っていた教団は、上座部《じょうざぶ》（厳密派）と大衆部《だいしゅうぶ》（穏健派）とに分裂した。この最初の分裂を根本分裂という。その後、分裂した教団はそれぞれ分裂に分裂を重ね、最終的には二〇ほどのグループが誕生したが、これを枝末分裂という。

こうして誕生したグループを「部派」と呼ぶが、これは〝宗派（sect）〟というよりは、〝学派（school）〟に近い。この区別は中国仏教や日本仏教を考える上でも有効なので、強調しておく。この時代、出家者はブッダが残した教えをいかに解釈するかに注力し、その解釈の優劣や是非を競ったので、この時代のグループは学派と表現するのがふさわしいが、ともかく、日本の宗派に近い存在はすでにインド仏教の時代に誕生していたことを、ここで確認しておく。

中国の学派仏教

インドで興った仏教は、大きく分けて二つのルートを辿り、アジア全域に拡がった。一つはインドからスリランカ・タイ・ビルマへと伝播した〝南伝〟の系統、もう一つは西北インドから中央アジアを経由して、中国・チベットに伝播した〝北伝〟の系統である。このうち日本仏教は北伝に属し、中国仏教の影響を強く受けたので、ここでは中国仏教における宗派の事情をまとめておこう。

中国には紀元前後ごろに仏教が伝わった。まずはインドの言葉で書かれた仏典を漢字に翻訳（漢訳）することから、中国仏教はスタートする。そして、中国土着の思想や宗教である儒教思想や神仙思想と衝突や融和を繰り返しながら、仏教は中国化していった。なお中国独自の事情として、教相判釈《きょうそうはんじゃく》（教判）がある。

インドから中国に将来された仏典は、成立の古い順番にもたらされたのではなく、仏典成立という歴史を無視し順不同で中国に入っていった。すると、受け入れた中国人からすれば、内容がバラバラの仏典が順不同で入ってくるので、それを何らかの基準で整理しなければ収拾がつかなくなる。この経典の整理が教相判釈であり、教相（経典の内容）を判釈（判断し解釈）することになる。

六世紀の後半ともなると、この教判に従って自分たちが選び取った教えこそ最高であることを論理的に説明しようとして、同じ教えを選んだ者同士がグループを形成するようになる。これが学派仏教の始まりで、七世紀になれば、生活規範や運営組織を整備した学派も誕生し、宗派仏教へと展開する。南北朝から隋の時代に隆盛した学派仏教には、公式な学派団体として以下の五つがあった。

（一）大論衆…『大智度論』を研究する学派
（二）講論衆…大乗や小乗の論書を研究する学派
（三）講律衆…戒律を研究する学派
（四）涅槃衆…『涅槃経』を研究する学派
（五）十地衆…『十地経論』を研究する学派

このような学派はみな国家に保護されて自由な活動が認められていたが、各学派はそれぞれ特定の教えを信仰し修行する集団であり、一寺一宗に限定されるような閉鎖的な集団ではなかった。よって、大きな寺院にはさまざまな学派の出家者が共同生活をしていたようだ。しかし唐の時代を迎えると、この学派仏教は教団組織を備えた宗派仏教へと変容していく。

中国の宗派仏教

さてここで、再度、「学派（school）」と「宗派（sect）」の違いから、中国仏教の歴史を概観しておく。隋唐仏教と、それ以前の六朝仏教を分ける大きな違いは、宗派の成立にある。つまり、六朝時代には既述の「学派」は存在したが、「宗派」と称すべきものは存在しなかった。このつぎに見る天台宗や三論宗など、いわゆる宗派が形成されるのは隋唐になってからである。

学派とは異なる宗派とは、開祖があり、伝授があり、信者があり、教義があり、教団規則がある宗教団体を意味する。それら諸宗派は自らの宗派の存在理由を何らかの特定の仏教経典に求めたのであり、そこには選び取るべきものを主体的に選び取ろうとする中国仏教発展の軌跡が刻印されている（吉川［二〇一〇］）。以下、主な宗派を列挙してみよう。

（一）天台宗…開祖は智顗《ちぎ》。本拠地とする浙江省《せっこうしょう》の天台山が宗の名前の由来となる。日本の天台宗の起源もここにある

（二）三論宗…開祖は吉蔵《きちぞう》。龍樹《りゅうじゅ》（Nāgārujna）の中観思想を説く『中論』『十二門論』『百論』という三論の教えに基づく

（三）法相宗…開祖は慈恩大師。玄奘が将来した『解深密経《げじんみっきょう》』『瑜伽師地論《ゆがしじろん》』『成唯識論《じょうゆいしきろん》』などに基づく唯識説を拠り所とする

（四）四分律宗…開祖は道宣《どうせん》。数ある律蔵の中でも『四分律《しぶんりつ》』を重視する宗で、日本に律を伝えた鑑真はこの宗で律を学んだ

（五）華厳宗…開祖は杜順《とじゅん》。『華厳経』の教えに基づいて開かれた宗であり、日本の華厳宗もこの流れをくむ

（六）禅　宗…開祖は南インド出身の菩提達磨《ぼだいだるま》（Bodhidharma）。文字どおり、禅を主な修

行とする宗で、日本では臨済宗や曹洞宗として展開する

また「宗」を名乗らなかったが、日本の宗派を考える上で重要なのが、密教と浄土教である。中国における密教は東インド出身の善無畏《ぜんむい》（Śubhakarasiṃha）が七一六年に長安に入京したことから始まるが、南インド出身の金剛智《こんごうち》（Vajrabodhi）が自らの伝持した密教を布教するために、「灌頂《かんじょう》」という密教儀礼を盛んに行ったことで中国の密教は本格化し、その後、不空《ふくう》（Amoghavajra）が密教を唐に定着させた。不空の弟子に恵果《けいか》がいたが、彼が入唐した空海に密教を伝えた。

一方、浄土教は、四世紀ごろ、慧遠《えおん》が念仏結社「白蓮社《びゃくれんじゃ》」を結成し、瞑想による見仏を意図した観想念仏の実践に励んだが、高度な修行を必要とするため、民衆には拡がらなかった。曇鸞は世親の『往生論』の解説書『往生論註』を著し、称名念仏の意義を説いた。つづく道綽は『安楽集』で仏教を聖道門と浄土門に分類し（教相判釈）、浄土門を称揚した。つぎに善導は浄土三部経の一つ『観無量寿経』の註釈書『観経疏』を著し、中国浄土教を大成するとともに、法然に大きな影響を与えた。

南都六宗

六世紀の中ごろには中国の仏教が朝鮮半島を経由して日本に伝えられた。蘇我《そが》氏と物部《もののべ》氏の崇仏・排仏論争は有名だが、ともかく日本の仏教は、その当初より国家の厳しい管理の下に置かれたのであり、後には仏教によって国を守護するという鎮護国家《ちんごこっか》の理念が、仏教には期待されるようになった。

日本仏教における宗は、南都六宗から始まるとされ、南都（奈良）に誕生した倶舎《くしゃ》・成実《じょうじつ》・律・三論・法相《ほっそう》・華厳《けごん》の六宗を想起するが、これ以外の宗の名前も確認できるので、その当初からこの六宗が決まっていたわけではなかった。また、この場合の「宗」は学問系統から分類された宗なので、「学派」と理解するのが穏当である。中国の学派仏教と同様に、一寺院内で諸宗が共同生活をしつつ研鑽に励んでいた。よって、学派仏教の学派は、大学の学部学科に喩《たと》えられることもある。

日本の南都六宗の「宗」は、古くは「衆」とも呼ばれ、国家の命で中心となる寺院に設けられていることなどを考慮すれば、中国の学派仏教に範を取っていることは明らかだ。南都六宗は国家体制の中に組み込まれ、またその活動も鎮護国家のための研究と実践にかぎられていた。では、簡単に六宗の内容をまとめておこう。

（一）倶舎宗…世親（Vasubandhu）の著した『倶舎論』やその注釈を研究する学派

（二）成実宗…訶梨跋摩《かりばつま》（Harivarman）の著した『成実論』を研究する学派

（三）律　宗…中国の四分律宗と同じく、『四分律』を研究する学派

（四）三論宗…中国の三論宗と同じく、龍樹（Nāgārjuna）の三論（『中論』『十二門論』『百論』）を研究する学派

（五）法相宗…インドの弥勒（Maitreya）・無著《むちゃく》（Asaṅga）・世親（Vasubandhu）によって形成された唯識思想の論書は、玄奘によって中国に翻訳紹介されたが、その漢訳に基づき、唯識思想を研究する学派

（六）華厳宗…『華厳経』を研究する学派。ただし、それは経典に直接基づくのではなく、中国の華厳宗の吉蔵によって大成された思想を前提とする

このうち、最初の三宗（倶舎・成実・律）は小乗仏教の仏典を根拠とするが、つぎの三宗（三論・法相・華厳）は大乗仏典を論拠とする。六宗のうち、三論宗と法相宗は南都の教学を代表するものであるが、両宗の起源はインドの中観思想と唯識思想にあり、この二つがインド大乗仏教の二大潮流であったことを考えれば、古代の飛鳥《あすか》・奈良時代の仏教は、インドの大乗仏教の忠実な継承者であったと言える（蓑輪［二〇一五］）。

日本でも中国と同じく、まずは学派として南都六宗が成立したが、これは排他的な宗派ではなく、学僧の所属部派は師僧のそれを継承しているだけで、学問領域や教学的見解を拘束しなかったので、複数の宗派を渡り歩いて教学知識を研鑽するのは普通だった。しかし、奈良時代末になると、これらの学派は、自宗優位と宗勢拡大を至上命題とする排他的セクトになっていったようで、このあと取りあげる最澄の天台宗や空海の真言宗という、成立時からのセクト的な新宗派は、この潮流の中から生まれてくる。

真言宗と天台宗

平安時代に入ると、南都六宗とはタイプの違う宗派が誕生する。それが、最澄の天台宗と空海の真言宗である。国家は当時の仏教を厳しく管理したが、出家者の質を担保すべく、その年に得度（出家）できる人数も制限した。これを年分度者《ねんぶんどしゃ》という。これにより、国家は仏教界の腐敗をふせぎ、学問や修業に優れた出家者を育成し、登用しようとしたが、こうしたなかで頭角を現したのが最澄である。

近江国（滋賀県）出身の最澄は、一二歳で出家し、一九歳のときに東大寺で受戒して出家者となった。一時期、比叡山にこもって修行と学問に専念したこともあったが、延暦《えんりゃく》二三（八〇四）年には桓武天皇の命を受け、遣唐使船に乗船し、入唐を果たした。最澄は天台山に向かうと、天台宗第七祖の道邃《どうすい》や仏隴寺《ぶつろうじ》の行満《ぎょうまん》から天台教学を学んだ。

しかし、最澄は天台教学に留まらず、密教の伝法もうけた。彼の唐滞在は一年足らずであったが、帰国した最澄がまず期待されたのは、密教の修法であった。最澄による密教の修法は勅命を受けてのことであり、病中の桓武天皇のために修されたようだ。延暦二一（八〇六）年には年分度者二名を天台宗に加えんことを請い、それが天皇に認可されたことをもって天台宗の開宗とする。

このように、日本の仏教は国家によって管理され、国家の許可なく出家することは許されなかった。出家に必要な戒を受ける場所（戒壇）も、当時は奈良の東大寺をはじめ、筑紫（福岡）の観世音寺と下野《しもつけ》国（栃木県）薬師寺の三つにかぎられ、そこで授けられる戒は小乗仏教の『四分律』にもとづくものだったが、最澄は国家の管理下にはない独自の戒壇で、大乗戒という新たな戒を授ける場を比叡山に設置しようと試みた。

比叡山の大乗戒壇が実際に認可されたのは、最澄が滅した一週間後だったが、これは国家の管理から一歩踏み出したという点で、大きく評価されるべきであろう。

一方の空海は宝亀五（七七四）年、讃岐《さぬき》国（香川県）に生まれた。文化人として名高い空海は、幼少期よりさまざまな学問を修め、二〇歳のころには山林の修行者になったことが確認されている。延暦二二（八〇三）年、三〇歳のときに東大寺で受戒し、正式な僧侶となった空海は、翌年に最澄と同じく正規の留学僧として入唐を果たし、中国で仏教を学ぶ機会を得た。天皇の命を受けた最澄とは正反対に、空海は無名の天才として海を渡る。中国では長安の青龍寺で恵果に師事したが、恵果は空海の非凡な素養を察知し、密教の奥義を伝授した。

大同元（八〇六）年、空海は帰国し、多くの経典や曼陀羅・密教法具などを日本にもたらすと、神護寺に入り、鎮護国家の祈禱を行うなどして、次第に嵯峨天皇の信頼を獲得していく。その結果、弘仁七（八一六）年には嵯峨天皇から高野山を賜って金剛峯寺を開創し、また弘仁一四（八二三）年にも同じく嵯峨天皇より賜った東寺（教王護国寺）を創建し、真言宗を開いた。

法然の浄土宗開宗

以上、法然の浄土宗開宗の意義を考えるに先立ち、インドや中国から日本の平安時代にいたる仏教の学派・宗派の歴史を概観した。南都六宗も奈良時代末になるとセクト的色彩を帯びてくるが、その成立時から宗派として誕生したのは、最澄の天台宗と空海の真言宗であることは間違いない。

その特徴は二つあり、一つは師資相承《ししそうじょう》があること、そしてもう一つは国家（天皇）の許可を得て開宗していることである。日本の天台宗の場合、師資相承の系譜、つまり最澄に教えを授けた師僧は、彼が入唐して天台教義を伝授した天台宗第七祖の道邃ということになる。そして帰国後は桓武天皇の許可（勅許）を得て天台宗を開宗している。

一方、真言宗の師資相承の系譜は、空海が入唐したさいに彼に密教の奥義を伝授した青龍寺の恵果が彼の師僧となる。空海は帰国後、嵯峨天皇の許可（勅許）を得て、真言宗を開宗している。

また南都六宗も朝廷の公認を得ていたと見なすことができる。天長七（八三〇）年ごろ、淳和天皇は南都六宗と天台宗・真言宗の八宗に宗義の著述を求め、成実宗と倶舎宗以外の六宗が撰述したため、「天長六本宗書」ができあがる。朝廷の命による宗書の撰述は「六宗」（朝廷は八宗として認識）が宗派として公認を得たことを示す。

これらと比較した場合、法然の浄土宗開宗にはどのような違いが見られるだろうか。法然は国家（天皇）の許可を得ずに浄土宗を開宗している。南都六宗も国家主導で設営され、平安期の天台宗も真言宗も天皇の許可を得て開宗しているので、いずれの宗も国家の管理下に置かれることになるが、法然は国家の許可なく浄土宗を開宗しており、これが当時、大きな問題となった。

『興福寺奏状』九カ条のうち、最初の過失が「既存の八宗は勅許を得て開宗しているが、勝手に浄土宗と号している」なのである。逆に言えば、当時、新たな宗を開宗するには勅許、すなわち「天皇の許可」が必要だったことがわかるが、法然はそれを無視したということになる。これは日本の仏教史上、前代未聞の出来事であった。

さらに前代未聞なのは、師資相承なく浄土宗を開宗したことである。最澄や空海は中国に渡り、それぞれの師僧から「面授」(直接、対面して伝授)によって教義や奥義を授かっているが、法然には面授としての師僧はいない。しかし、仏教において師資相承は極めて重要であるから、法然もこれを無視することはできなかった。

法然の主著『選択本願念仏集』第一章では、浄土宗の師資相承として、インドから中国には「菩提流支《ぼだいるし》→曇鸞→道綽→善導→懐感→少康《しょうこう》」と次第する系譜があると指摘する。このうち「道綽→善導→懐感」を除けば、そこには歴史的に確固たる師弟関係はなく、この六人の系統を通して浄土の教えが師資相承されたわけではないし、もっとも大きな障壁は中国から日本への相承であろう。

法然は中国唐代の善導から強く影響を受けたので、師資相承の系譜は「善導→法然」としたいところだが、生きた時代には五〇〇年ほどの開きがある。地域は違っていても同時代であれば、最澄や空海のように場所を移動すれば面授は可能だが、時代差は何とも埋めようがない。そこで考え出されたのが、「夢」を介しての二人の対面である。

法然は四三歳にして善導の書の一節を読んで回心し、その直後、不思議な夢を見たとされる。

つまり夢の中で法然は善導と対面したことで、時代的に異なる二人の対面（二祖対面）が実現する。

この二祖対面の話が実際に法然の口から説かれたものか、あるいは後の浄土宗徒が師資相承の不備を補うべく創り上げたのかは不明だが、ともかく夢を介することで、浄土宗の正統性を担保しようとしているように考えられる。しかし、夢といっても、われわれが考えている以上に、当時は現実性を帯びたものであったことは注意しておく必要があろう。

ともかく、浄土宗開宗は、天皇の許可（勅許）を得ずになされたこと、また面授としての師僧が不在のままでなされたこと、この二点において、日本仏教史上、前代未聞の開宗であった。このように勅許を得ずに新たな宗派を開宗したことは、後の浄土真宗・曹洞宗・日蓮宗などの先駆けとなったのである。

本書でこれから明らかにするように、法然にはさまざまな「日本初」があり、その意味で法然は日本仏教の開拓者（パイオニア）であった。最初に道を切り拓く開拓者は想像以上の労力が要る。道なきところに道をつけるのであるから当然だ。では、そこまでして法然はなぜ浄土宗開宗にこだわったのか。

浄土宗開宗の意義

浄土宗では、法然が善導の『観経疏』の一節に出逢い、回心した四三歳をもって立教開宗の年とする。しかし、立教開宗といっても、それは法然の内面的な出来事であり、誰かに向かって開宗を宣言したわけでも、ましてや浄土宗という教団ができたわけでもない。そこで、浄土宗の立教開宗の意味を考えてみよう。

人間の思考は、ある段階で停止するものではない。歳を重ねるにつれ、思想は変化するのは当然だ。法然も四三歳で回心したが、その状態で思考が停止し、深化もせずに、死を迎えたわけではない。従来より、法然の思想展開については、大きく三段階に分けて説明される（大橋［一九七一］）。

（一）天台的浄土教思想受容期…『往生要集』に引用される善導の論書を通して善導に着目
（二）浄土教思想確立期…『観経疏』を三読して善導の本願念仏に出会い、回心
（三）選択本願念仏思想確立期…本願念仏をさらに発展させ、選択本願念仏説を樹立

そして浄土宗を立てる理由を、法然自身は『一語物語』でつぎのように説明する。

天台の教えによれば、凡夫の往生を認めるが、その浄土は化土（仮の浄土）に過ぎない。一方、法相の教えによれば、浄土は報土《ほうど》（真の浄土）であるが、そこに凡夫が往生することを認めない。しかし、善導によって浄土宗を立てれば、凡夫が報土に往生できる（凡《ぼん》入報土《にゅうほうど》）。だから私は浄土宗を立てたのだ（取意）。

従来の浄土教では、凡夫が凡夫のままで真の浄土（報土）に入る（凡入報土）ことは認められていなかった。これを可能にするために新機軸を打ち出す必要があったため、法然は善導の本願念仏説によって浄土宗を開いた。回心後ただちに法然は比叡山を下りているが、これは「天台宗からの独立」と「自らの自立」を象徴している。つまり「古き天台宗からの独立＝新たな浄土宗の確立」という関係である。よって、法然四三歳での回心を浄土宗の開宗の年とするのも肯けよう。

法然仏教におけるブッダの位置

では本章を閉じるにあたり、「釈尊を軽んじる失」について考えてみたい。法然は浄土宗を開宗したが、そのポイントは「念仏往生」につきる。念仏、すなわち「南無阿弥陀仏」と口称して阿弥陀仏の極楽浄土に往生するというものだ。よって、そこには仏教の開祖ブッダの介在する余地はない。ここをとらえて顕密仏教の徒が法然仏教に対し、「仏教の開祖である釈尊を蔑《ないがし》ろにするのはけしからん！」と異議申し立てをするのも、ある意味もっともであろう。

しかし、法然仏教も「仏教」であるかぎり、開祖ブッダを軽んじたり、蔑ろにするはずがない。法然仏教のみならず、浄土教において前面に出るのは確かに「阿弥陀仏」であり、また阿弥陀仏が建立した「極楽浄土」であるが、そのような法然仏教において開祖ブッダはどのような位置づけにあるのだろうか。

法然の主著『選択集』はその名の示すとおり、「選択」を主題にし、全部で一六章からなるが、このうち、半分の八章が仏の選択と関連する。仏といっても大きく分けて、阿弥陀仏、ブッダ、諸仏の三つがあるが、阿弥陀仏は四つ、ブッダは三つ、そして諸仏は一つの選択に関与していることは、すでにさきほど「八種選択」を解説したところで説明したとおりである。

このうち、阿弥陀仏の選択が最も多いのは当然だが、ブッダも阿弥陀仏に近い数の選択に関わり、これだけ見てもブッダを重視していることがわかる。ここで再度、ブッダの三つの選択について詳しくみていこう。ブッダが関わる選択は、選択讃歎・選択留教・選択付属であった。

まずは選択讃歎から。『無量寿経』巻下には、往生する者を能力別に三輩（上級・中級・初級の三輩）に分ける件があり、その能力別に菩提心を発すなどのさまざまな行に言及するが、ブッダはその中で念仏だけを選択して讃歎したという。つぎに選択留教。『無量寿経』の最後には、法が滅びる時代のことを考え、ブッダは『無量寿経』の教えを留めたと説かれることをうけ、法然は「無量寿経の教え」を「念仏の教え」と解釈し、ブッダは念仏の一法を選択して後の世に留めたとする。

最後の選択付属は、『観無量寿経』に関連して説かれる。本経は精神を集中させて浄土の景観を一三の側面から観想することを説き（定善）、それに続いて往生者を九品（『無量寿経』の三輩を、さらにそれぞれ上・中・下の三種に分け、全部で九種）に分け、それぞれの能力に合わせた行を説いているが（散善）、経の最後の付属部分で、ブッダは阿難に念仏の一行だけを選択して付属している。

このようにブッダは念仏という一行の選択にブッダ自身が深く関わっていることを強調しているので、法然は決して仏教の開祖を蔑ろにしているわけではない。

二河白道

これを最も端的に示したのが、「二河白道《にがびゃくどう》」である。法然は善導に全幅の信頼を寄せたが、その善導が創作した喩えが二河白道である。法然はこの譬喩《ひゆ》を『選択集』第八章に引用している。以下にその概略を示そう。

ある人が西に向かって進んでいると、突然、二つの河が現れた。南に火の河、北に水の河である。両方とも広くて深い。その水火の中間に、幅は四、五寸ばかりの一本の白道があった。東の岸から西の岸まで長さは一〇〇歩。水の河は高くうねって白道をぬらし、火の河は火炎を上げて道を焼いている。

水火は交互に波と焰を上げて、止むことがない。彼の後ろには群賊と悪獣が彼を殺そうと競ってやって来る。進むも地獄、戻るも地獄という窮地に追いやられた彼は、思案の挙げ句、意を決してその白道を進むことを選択した。その瞬間、東岸と西岸でつぎのような声を聞く。

東の岸にたちまち人の勧むる声を聞く。「仁者ただ決定して、この道を尋ねて行け。必ず死の難なけん。もし住せば即ち死なむ」と。また西岸の上に人あつて喚ばつて言く、「汝、一心に正念に直に来たれ。我よく汝を護らむ。衆て水火の難に堕つることを畏れざれ」

この二人の声に励まされ、彼は無事に白道を歩ききり、西岸にたどり着けた。この譬喩で、東岸は娑婆世界、西岸は極楽浄土であり、また東岸の声の主はブッダ、西岸の声の主は阿弥陀仏であるは明白である。浄土教の仏と言えば阿弥陀仏であり、仏教の開祖ブッダの陰は薄く、両者の関係はどうなるのかが問題となるが、この二河白道の譬喩はこれに巧みに答えている。

つまりブッダは衆生を此岸から「行け」〈発遣の釈迦〉と励まし、阿弥陀仏は彼岸から「来い」〈来迎の弥陀〉と促す関係にある。

浄土教における直接の救い主は阿弥陀仏だが、そもそもブッダがその教えを説かなければ、浄土の教えはわれわれ衆生にとって無縁の教えとなるので、浄土往生にはブッダの「浄土の教えの開陳」が大前提であり、必要不可欠となる。

この後、紹介するが、法然の遺言書とでも言うべき「一枚起請文」では法然が極めた念仏往生の教えを臨終直前に簡略かつ平易に説いた後、これ以上のことを知っていながら隠していたとしたら、「二尊の憐れみに外れ、本願にもれ候べし」と断言している。この場合の「二尊」とは阿弥陀仏とブッダのことであるから、決して法然はブッダを軽視してはいない。

阿弥陀仏偏重の反動

このような「釈尊を軽んじる失」的発想はインド仏教にもあった。浄土経典である〈阿弥陀経〉自体が「阿弥陀仏偏重」の反動としてブッダの称讃に回るが、その前に経典の成り立ちについて説明しておく。経典は伝承の過程において、改変をこうむることがある。伝承者の思いがそこに反映される。〈阿弥陀経〉のような短い経典でも、よくよく見れば断層や齟齬が確認されるのである。

〈阿弥陀経〉は大きく分けて、前半と後半に分けられ、前半は極楽の見事な景観が言葉を尽くして語られる。そして後半は六方（東南西北下上）の諸仏が阿弥陀仏およびその極楽浄土を賞讃するが、その後、経典は「この法門を聞き、またこれら諸仏・諸世尊の名前を憶持《おくじ》すれば、無上正等菩提より退転しない者となる」と説き、主役の阿弥陀仏と脇役だった六方の諸仏が同列で並んでしまう。

そして最後は、大乗経典お決まりの「ブッダによる本経の委嘱」で締めくくられるが、その直前にはつぎのような一節が見られる。ここではインド原典の和訳をあげる。

世尊・釈迦牟尼・釈迦族の大王は、非常になしがたいことをなした。娑婆世界において、無上正等菩提を覚ってから、時代の汚辱・衆生の汚辱・見解の汚辱・寿命の汚辱・煩悩の汚辱の中で、一切世間〔の者たち〕の信じがたい法を説かれた。

ここまでくると、阿弥陀仏の出る幕はない。こうして経典の主題は、「阿弥陀仏→六方諸仏→ブッダ」という順番で移動し、結果として〈阿弥陀経〉は「娑婆世界のブッダを賞讃する経典」へと姿を変える。経典伝承の過程で、「阿弥陀仏偏重」の反動が起こり、ブッダ称讃の文が最後に付加されたと考えられるのである。

さらに、阿弥陀仏の本願に言及する大乗経典に〈悲華経〉がある。これは穢土である娑婆世界で覚りを開き、苦しむ衆生を救済するブッダの大悲を讃歎する点で〈阿弥陀経〉と共通する。これも、極楽浄土の阿弥陀仏が極度に強調されつつあった時代に、その反動として娑婆世界の教祖ブッダを再評価しようとする動きがあったと推察されるのである。

阿弥陀仏はブッダを再解釈した仏

さて最後に付論として、法然の解釈とは関係なく、阿弥陀仏がブッダを再解釈した仏であることについて、歴史学的な観点から説明を加えておく。

大乗経典がどのように誕生したかは諸説あるが、私はブッダの伝記（仏伝）を大胆に解釈し直した産物が大乗経典であると考えている。仏伝のどこにアクセントを置くかは経典によって異なり、一様ではない。たとえば、法華経は全体の構成自体が仏伝に基づいて創作され、最も仏伝に意識的であった大乗経典と言えよう。これは本論の主題ではないので詳細は割愛し（平岡［二〇一二・二〇一五］）、ここでは〈無量寿経〉を取りあげるが、その前にその祖型となった仏伝のエピソードを紹介しよう。

ブッダはこの世に誕生し、二九歳で出家して修行し、三五歳で真理に目覚め、まさに「ブッダ（目覚めた人）」となった。しかし仏滅後、ブッダの覚りは神格化される。輪廻思想も手伝って、ブッダの覚りは今生の修行だけで成就したのではなく、はるか昔の過去世から輪廻を繰り返しながら、あらゆる過去世で修行してきた結果と考えられるようになったのである。

　しかし「はるか昔」といっても、どこかに起点を設けなければならず、当時の仏教徒はその起点となる物語を誕生させた。「燃灯仏授記《ねんとうぶつじゅき》」物語である。南方仏教で使用されている言語のパーリの伝承によれば、ブッダの本生（前世）であるスメーダが未来世で仏になることを決意して泥の上に自らの髪を布《し》き、燃灯仏を渡そうとし、また成仏の誓願を立てたので、それを見た燃灯仏はスメーダの成仏を予言（授記）した。以来、スメーダ（ブッダ）は「菩薩（覚りを求める人／覚りが確定した人）」として兆載永劫《ちょうさいようごう》という非常に長い時間をかけて善行や修行を積み重ねたという。

　これを前提に、〈無量寿経〉の導入部分を確認してみよう。〈無量寿経〉の内容については、すでに簡単に触れたが、再度確認しておく。ブッダを去ること遥か昔、世に世自在王仏が現れたが、そのとき法蔵という比丘が彼のもとで出家した。法蔵は自分が建立する浄土について五劫の間（極めて長い時間）、思惟した後、世自在王仏の前で四八の誓願を立て、その後、その誓願の実現に向けて兆載永劫の修行を積み重ねた結果、誓願がすべて成就し、法蔵菩薩は阿弥陀仏となった。

　つまり、法蔵説話は燃灯仏授記物語を下敷きにしており、法蔵菩薩に対する世自在王仏の位置は、ちょうどブッダに対する燃灯仏の位置に対応するのが分かるだろう。〈無量寿経〉の「法蔵比丘と世自在王仏」の関係は、燃灯仏授記の「釈迦菩薩と燃灯仏」の関係に置換可能なのであり、法蔵菩薩（＝阿弥陀仏）はブッダの投影であると理解できるのである。

さらにこの論拠を、法蔵菩薩の出自を確認することで補強しておこう。〈無量寿経〉には五つの漢訳が存在するが、古訳二経は法蔵菩薩の出自を「王族」とし、ブッダの出自がクシャトリア（王族）であることが意識されている。インド原典や漢訳年代が新しい三経は王には言及しないので、時代が下ると初期の意図が忘れられたのかもしれないが、最初期に法蔵が王族とされていたことは注目してよかろう。

それはともかく、法然はそこまで意識はしていなかったであろうが、阿弥陀仏信仰はある意味で釈迦牟尼仏信仰であり、浄土教はブッダ本来の教えとかけ離れているかに見えるが、ブッダなくして浄土教も阿弥陀仏信仰も存在しないのである。

第五章　本地垂迹説の否定

（五）霊神に背く失――専修念仏者は実類の鬼神と、仏・菩薩が垂迹した権化《ごんげ》の神との区別もせず、神明を崇拝すれば地獄に堕ちるという。

仏教の日本化

本章では、「霊神に背く失」を手がかりに、法然仏教と日本の神との関係について考えてみたい。宗教にはさまざまな分類が可能であるが、一神教と多神教という整理の仕方がある。一神教とはセム系の一神教、すなわちユダヤ教・キリスト教・イスラム教を指す。名前は異なるが、三宗教とも信仰の対象となる神は同じであり、その神以外の神は認めないので、一神教である。

これに対し、インドの神や日本の神は一つではなく複数存在するので、ヒンドゥー教（および、その母胎となったバラモン教）や神道は多神教である。日本の場合は「八百万《やおよろず》の神」と言われるほど多数の神が存在する。神と仏はイコールではないが、大乗仏教の時代を迎えると、ブッダ一仏が多仏へと発展していくので、便宜上、ここでは仏教を多神教に分類する。

さて、日本の宗教を考える場合、かならず言及されるのが「神仏習合」と「本地垂迹説《ほんじすいじゃく》」である。ここで二つの要語の簡単な定義をしておこう。

（一）神仏習合…日本固有の神の信仰と外来の仏教信仰とを融合・調和するために唱えられた教説

（二）本地垂迹説…日本固有の神を、仏教の仏や菩薩が衆生を救済するために姿を変えて現れたものと見なす考え方

これは日本固有の現象ではなく、インドはもちろんアジアの各地に見られ、その意味では汎アジア的な現象であることは注意しておいてよい。たとえば、ヒンドゥー教ではブッダがヴィシュヌの化身と考えられていた。これが直接原因かどうかはわからないが、結局インドで仏教はヒンドゥー教の中に埋没することになる。

このように、本地垂迹説の「化身」という考え方は、ある宗教が別の宗教を取り込む際、き

わめて便利な装置であった。インドで消滅した仏教が、日本では日本固有の神祇信仰を呑み込んでいく。神仏習合と本地垂迹説の関係は、神仏習合の一つの形態が本地垂迹説なので、神仏習合の方が抽象度の高い概念になる。これは一般的な理解だが、平［二〇一七］は両者をユニークな観点から説明しているので紹介しよう。

平は顕密体制論の特徴をいくつかあげるなかで、当時の国際的意識の問題を取りあげている。仏教は須弥山《しゅみせん》を中心にすえた世界観をもっていた。その須弥山の南に閻浮提《えんぶだい》（インドに比定）があり、中国はその辺土、さらに日本は最果ての「粟散辺土《ぞくさんへんど》（粟粒のごとき辺境の小島）」として位置づけられたが、このような世界観を持つ仏教は日本人に世界の空間構成を教えるとともに、日本の歴史を世界史としてとらえることを教えた。

しかし、天竺《てんじく》（インド）ではすでに仏教が滅んでいたと考えられていたので、人間世界の中心かつ価値の根源である天竺はもはや失われた根源でしかなかった。そこで仏法を興隆し、自国に天竺を再現させれば、日本を世界の中心に押し上げることができる。つまり、神仏習合とは、日本と天竺との習合（一体化）であり、本地垂迹とは、失われた天竺が日本に再誕することでもあった。こうして、日本が三国一の聖地であるとする独善的な日本仏教国観と独善的神国思想が誕生することになる。

では法然の神祇不拝、あるいは神に対する態度を考える上で、前提となる法然以前の神仏習合や本地垂迹説を概観するが、その前にその前提となる日本の宗教「神道」について整理しておこう。

神　道

日本の宗教は一般に「神道」と呼ばれ、「日本古来より伝えられてきた民族宗教」を意味すると考えられているが、この意味で「神道」が使われるようになったのは、近代になってからだという。黒田［一九九〇］によりながら、古代から近代にいたる「神道」の語義の変遷を簡単にまとめてみよう。

「神道」という語が見られる最古の文献は奈良時代撰述の『日本書紀』であるが、「神道」という語は中国の古典に由来し、土俗宗教・仏教・道教を指し、宗教一般をも意味する語であった。よって、『日本書紀』の「神道」は、「土俗的信仰一般」、あるいは「神的なるもの・聖なる状態」を意味する語として理解すべきであるという。

そしてこの語は、仏教が優位な存在として認められつつあるなかで、土俗的祭祀・信仰における「神的なるもの・聖なる状態」の原義から、人と区別して神を畏敬する発想での「神の権威・しわざ・神そのもの」という意味に次第に移行する。

中世においても「神道」はそれ独自の宗教体系ではなかったが、「仏法」に対する概念となることで、「垂迹の世界」すなわち「仏の化儀（仏が衆生を導く方法）の次元・境地」という領域的意味を帯びるようになる。

近世になると、「神道」は道教・仏教・儒教と対置される「日本の民族的宗教」という語義を確立していくが、実際は儒教や仏教に従属していた。そして国学から国家神道への段階にいたって、道教・仏教・儒教から独立した「古くから伝えられてきた日本の民族的風習としての宗教的信仰」という観念が明確になる。

もう一つ、「神道」について考えておかなければならないのは、それが仏教を〝鏡〟として誕生した点である。『日本書紀』の用例で、「神道」がどのような文脈で用いられているかに注目すると、本文で使用されているのは二例であり、「天皇、仏法を信《う》けたまひ、神道を尊びたまふ」（用明天皇即位前紀）、「仏法を尊び、神道を軽《あなず》りたまふ」（孝徳天皇即位前紀）とある。これから明らかなように、「神道」は外来の「仏法（仏教）」に対比して、日本固有の信仰を呼ぶ場合にかぎって用いられている。つまり、神道は外来の宗教である仏教を〝鏡〟として発見された言葉なのである。

これと同じことが中国でも起こった。「道教」という語も一般名詞ではなく、特定の宗教を指すようになったのは、五世紀中葉と考えられているが、そこでも「仏教」との対比において用いられている（門屋［二〇一〇］）。

ともかく、日本の宗教をどう呼ぶかは別として（これ以降は便宜上「神道」と呼ぶ）、神道の国に仏教という新たな宗教が外部から侵入してきた。ここでさまざまな葛藤が生じることになり、神仏習合、あるいはその一形態である本地垂迹説が生まれることになる。以下、門屋［二〇一〇］によりながら、その経緯をまとめてみよう。

初期の神仏習合現象

神仏習合現象の最も早い例は、「神宮寺《じんぐうじ》（神社に付属する寺院）の創建」である。国家は外来の宗教である仏教を日本に根づかせるため、神道の神社に着目し、神社の中に寺院を作ることを企てたが、ここで活用されたのが「神身離脱説話」である。

神宮寺創建を語る縁起譚を見ると、神が「宿業《しゅくごう》（過去の業）によって神となった／重い罪業をなしたために神道の報いを受けた」と説かれ、神という存在を「宿業の報い」ととらえることで、「神の身を離れて仏法に帰依したいと望んでいる」という説話を作りだした。これは神を宿業の淵に突き落としておいて、救いの手を差し伸べるという「マッチポンプ」的所為であり、仏教は最初、神を救済の対象として位置づけ、取り込もうとした。

こうして、「神身離脱説話」は神が神宮寺の建立を望む理論的説明として利用されたが、この理屈は日本で始めて創り出されたわけではなく、すでに中国の文献に見られ、物語の構造や表現までもが似ているという。つまり、我が国最初の神仏習合現象は、新たに伝来した仏教に対する神道側のリアクションではなく、仏教側が持ち込んだ「神身離脱」の図式の中に神道の神が取り込まれるという形でおこった。

この神宮寺についで古いと考えられる神仏習合現象が、寺院の守護神（鎮守神《ちんじゅしん》）の勧請《かんじょう》（神を請い迎えて祀ること）である。こうして仏法の守護神になった神を「護法善神」と呼ぶが、新たに寺院を建てるにあたり、鎮守神を勧請するには、つぎの二つのパターンがある。

（一）その土地にもともと棲んでいた神（地主神）を鎮守として祀る場合は、神が自ら進んで鎮守となることが多い（これは神身離脱説のバリエーション）

（二）よそから新たに神を迎えて鎮守とする場合は、外国からの渡来神である場合が多い（神仏習合によって、それまではなかった新しい神が生成したケース）

地主型鎮守神の典型は、高野山金剛峯寺《こんごうぶじ》の鎮守である丹生明神《にうみょうじん》と高野明神であり、招来型鎮守神の典型は園城寺《おんじょうじ》（三井寺）の新羅明神《しんら》である。同じ護法善神でありながら、この両者は性格がかなり異なる。地主神は明らかに神身離脱の延長線上にあり、仏教が神をどう理解し、取り込んでいくかという戦略の中に位置づけられるが、招来神は入唐求法が背景にあり、唐から新たにもたらされた仏教を加護するべく、大陸から渡来した神が鎮守として祀られる。海から渡ってきた渡来神は、神仏習合によって新たに生みだされた神々ということになろう。

本地垂迹説

神宮寺や護法善神につづき、神仏習合現象の中核となる本地垂迹説が形成される。「本地」とは本来の実在（仏・菩薩）を指し、「垂迹」とは「迹《あと》（跡）を垂《た》れる」と読み、地面に足跡を残すように、そのものが姿を現すことを意味する。これは抽象と具体、理念と実体の二元論的発想であり、インドにその祖型を求めることができる。

たとえば、天台大師智顗は『法華経』を本門《ほんもん》と迹門《しゃくもん》に分けたが、その『法華経』のブッダ観こそ本地垂迹的発想をベースにしている。つまりブッダは本来、久遠実成《くおんじつじょう》（遥か昔に覚りを開いている）の仏（本地）であり、この世に出現して八〇歳で入滅したブッダは仮の姿（垂迹）であるという。このほかにも中国の仏典に同様の思想がみられ、それが日本に将来されて日本型の本地垂迹説が展開したと考えられている。

さて、神と仏の関係を、いつから本地垂迹理論によって説明するようになったのかはまだよくわかっていないが、およそ院政期のころだと考えられている。この問題の出発点は、仏の側ではなく神の側からスタートした。

仏教が日本に将来されたことで、「神とはいったい何か／神をどうとらえるか」が重要なテーマとなった。よって、順番としてまず「迹」である神を起点とし、そこから「本」である仏へとベクトルを伸ばしていくことになる。よって、重要なのは神が「垂迹」であることであり、「本地」が何という仏かは二次的な問題であった。

院政期から鎌倉期にかけて本地垂迹説が広まっていくが、その広がりの背景には末法思想の存在も否定できない。末法においては、仏のピンチヒッターとして神が衆生の救済に当たるという発想があってもおかしくないからだ。ともかく、本地垂迹説は鎌倉時代の初頭、理論的に完成され、日本の神々（垂迹）は具体的な仏・菩薩（本地）に同定・比定されていったのである（門屋［二〇一〇］）。

また、本地垂迹説で興味深いのは、造形化された仏も垂迹と見なされていたことだ。つまり、仏像や仏画も、仏の垂迹というのである。本地垂迹説が「抽象と具体の二元論」的発想であるなら、これも不思議ではなかろう。

さらには本地垂迹説の変形として、聖人《せいじん》も垂迹すると考えられた。卓越した霊力を持つ聖人や祖師も中世には仏・菩薩とする見方が一般化し、たとえば空海は大日如来の化身、最澄は薬師如来の垂迹、そして聖徳太子は観音菩薩の垂迹と考えられていた。この後、くわしく見るが、本地垂迹的思想を否定した法然でさえ、善導を阿弥陀仏の化身とみなしていたのである。

彼岸の仏は容易にその存在を見ることもその声を聞くこともできないもの（本地）であったが、そのような仏がわれわれの眼前に姿を現したもの（垂迹）が、神々であり、聖人であり、仏像だったのであり、具体的な存在（垂迹）の背後には抽象な高度の存在（本地）があるというのが中世の人々の共通した感覚であった（佐藤［二〇〇六］）。直に触れられない本地と関わるには、垂迹を手がかりとするしかないのである。

浄土信仰と垂迹

では、佐藤［二〇〇六］によりながら、浄土教にみられる本地垂迹説をみていこう。さきほど、本地垂迹説の拡がりの背景に末法思想を想定したが、くわえて、仏教的な世界観からすれば、日本は「粟散辺土」だった。この二つが合わさると、一〇五二年に末法を迎えた粟散辺土ともいうべき中世の日本は、地域的にも時代的にも覚りからはほど遠く、悲観的な見方が常態化していたと考えられる。そのような認識を背景として、浄土教は急速に日本に普及した。

しかし、阿弥陀仏の西方極楽浄土は地理的に想像を絶する彼方にあり、濁世に生きる末法の衆生にはあまりにも縁遠い存在だったため、阿弥陀仏は衆生救済のために、仮の姿をとってこの世に垂迹した。それが日本の神々・仏像・聖人である。とくに聖人は、神や仏像と違い、人間であったがゆえに最も身近で親しい存在であり、それを垂迹として浄土往生を願うのも当然だ。

　たとえば、西方浄土の十一面観音の垂迹と考えられていた菅原道真は、現世での大願成就だけでなく、死後の救済をも信者に約束している。こうして、生者だけでなく死者も救済されるという信仰が生まれ、聖人の膝元に骨を納めることで極楽への往生が可能になるという納骨の風習も生まれた。

　こうして院政期から鎌倉期にかけ、聖人を祀る廟所を中心に「霊場」と言われる信仰の場が形成される。これらの霊場は他界との境界であり、この世と浄土とを結ぶ通路であり、さらには浄土そのものと考えられた。

　このような霊場以外にも、神を祀る神社の境内（あるいは仏像の所在地）が「現世の浄土」（後述）とみなされ、その地を踏むことが極楽への近道となる。特定の神社の境内をこの世の浄土とする論理を「社壇《しゃだん》浄土」と言い、極楽往生を願うなら社壇浄土とみなされた神社に詣でることこそが、もっとも早道だと信じられていた。

　もう一つ、浄土教的な本地垂迹説の用例をあげておく。それは生身仏である。具体的にイメージしにくいが、佐藤は生身仏を垂迹という観点から、「彼岸の仏・菩薩が末法の衆生を救い取るために、この世に姿を顕《あら》わにしたもの」と定義する。ある者にとっては、臨終の際に幻視する仏が生身仏であったし、またある者にとっては、生々しい存在感を持った仏像が生身仏であった。

ではこの生身仏としての仏像はどのような役割を果たしたのか。ある資料によれば、行者が生前に造立した仏像が、彼を背負って娑婆世界から他界浄土へと導く様子が具体的に描かれているという。つまり、仏像は浄土への案内人であった。とするならば、仏像の制作が往生の成否を決定する重要な手段となる。

自分の造った仏像が、その制作者を死後、極楽に送り届けるというイメージは、当時の人々に大きなインパクトを与え、可能なかぎり大きくて贅《ぜい》を尽くした仏像を制作しようと奔走することになった。第一章では、院政期の仏教の特徴として、信仰の数量化を指摘したが、その背景にはこのような事情が存在したといえよう。

法然仏教の神祇不拝

ずいぶん紙面を費やしたが、ようやく法然仏教の神祇不拝を説明する準備が整った。法然が神仏習合や本地垂迹説をどう考えたかについて、『選択集』は直接的に何も語らない。そこで、まずは『一百四十五箇条問答』に注目しよう。

本書は当時の庶民の目線に立ちながら、法然が自ら確立した専修念仏の立場から庶民の疑問や不安に答えたものであり、当時の庶民レベルでの信仰を知る手がかりとなる。神道には「物忌み」があるが、『一百四十五箇条問答』にはさまざまな物忌みが散見し、いかに当時の人々がこれを気にかけていたかがわかる。その中からいくつか抜き出してみよう。

（一）七歳までの子どもが死んだ場合、物忌みしなくてよいと言われていますが、どうでしょうか（第三六問答）
（二）物忌みの日に社寺に参拝するのはどうでしょうか（第六四問答）
（三）月経があるときに、経を読むのはいかがでしょうか（第七五問答）
（四）月経の間、神の御供えとして経を読むことは差し支えないでしょうか（第七八問答）
（五）子を産んで神仏にお参りするのは、一〇〇日間はさわりがあるというのは本当でしょうか（第一〇問答）

これらの質問に対する法然の答えは明確であり、（一）に対する答えは「仏教には物忌みはない。それは世間で言っているだけだ」である。他の問いに対しても、基本姿勢はこれと同じである。このように当時の常識となっていた物忌み、あるいは禁忌《きんき》（タブー）をあっさりと否定するが、しかし神社への参拝や神を拝むこと自体を否定しているわけではない。法然の著作を見ると、神祇への参拝を肯定的に説く場合と否定的に説く場合があるが、これをいかに会通すべきか。これを解く鍵として、佐藤［二〇〇六］は法然が津戸《つのと》の三郎に宛てた手紙に注目する。

この世の祈りとして、仏にも神にも祈念申し上げることはいっこうに差し支えないことでありましょう。後生の往生を願って、念仏のほかに別の行をすることこそ、念仏を妨げることになるので、よくないことでございます。現世利益を目的とした行は、往生を願ってのことではないので、それを仏神に祈ってもまったく構わないのです。

つまり、法然の中心課題である来世での浄土往生に関しては「念仏」しかありえず、そこに「神」が関与することは認めないが、今世での現世利益については問題視しないというのが法然の基本スタンスであった。浄土往生に神祇が関わる場合は否定的になるし、そうでない場合は肯定的となる。よって、浄土往生に関してのみ「神祇不拝」は問題となる。

神祇不拝に見る法然仏教の特質

本地垂迹説は「本地たる仏が日本の神々に垂迹した」という考え方であるから、神祇不拝の問題は、単に「日本の神の否定」ではなく、その本地である「仏の否定」をも意味する。これは神道だけの問題ではなく顕密仏教全体の問題となるからこそ、当時の仏教界は声をそろえて法然仏教に批判の矛先を向けた。ここで再び、法然の選択思想に立ち戻る必要がある。選択とは「A or B」を迫るものであり、法然の場合は最終的に「阿弥陀仏によって選択された本願念仏」の一行を選び取った。

法然は夾雑物や不純物をできるかぎり取り除き、贅肉をこそぎ落として、その極限に「選択本願念仏」という一行に逢着した。その法然が「私」と「阿弥陀仏」との間に「垂迹としての神」というような中間的存在を認めるはずがない。たとえその本地が仏であっても、「選択本願念仏」を選んだ以上、その他の仏および諸行は、ひとまず放擲《ほうてき》されるのは必然だ。救済者（阿弥陀仏）と被救済者（衆生）が念仏で直に結びつくというのが法然仏教の特徴なのである。

これを念頭に置き、『一百四十五箇条問答』の六六番目の問答を見てみよう。「臨終のときに、善知識《ぜんちしき》に遇うことができなくても、日頃の念仏で往生できるでしょうか」という問いに対し、「善知識に遇わなくても臨終が思うようにならなくても、念仏を申せば往生します」と法然は答える。「善知識」は、初期経典では「善き友《よ》」というほどの意味であるが、浄土教では往生浄土や念仏の教えを説く導き手のことで、本書第二章でみたように、『観無量寿経』の下品下生では、善知識が「臨終者に対してあれこれと教示し、念仏を称えさせる人」として描かれていた。

この質問から、当時の日本でも誰かが臨終者に付き添い、往生の導き手となっていたこと、また往生浄土にはそのような存在が必要だと考えられていたことなどがわかるが、法然はそれもきっぱりと否定する。法然にとって、個人の救済は究極的に「私」と「阿弥陀仏」の直接的な関係が重要であり、その間に垂迹の神や善知識の存在などは不要なのである。法然の善知識に対する考えが明快に現れた用例をもう一つ紹介する。

法然に帰依した正如房《しょうにょぼう》（式子内親王）は、臨終に際し、法然にもう一度会いたいと願いでた。正如房にすれば、法然を善知識として臨終を迎えたかったのであろう。しかし、法然はそれを断り、彼女に手紙を書いているが、その一部はつぎのとおり。

たとえ臨終の善知識が枕辺におりませんでも、往生は疑いなく、必ずなさることであります。

あれこれ心を惑わせることを言う人がいるのは残念なことです。

ただ、どんな人であれ、たとえ尼女房のような身分低い人でも、いつもあなたのかたわらにいる人に、念仏をおさせになって、それをお聞きになり、どうかお心一つを強くお持ちになってください。

そしてどうか、誰かが枕辺につき添い、善知識になってほしいと願う心をお捨てになり、

仏だけを善知識にたのみ参らせてください。（石丸［一九八九］）

垂迹の神はもちろん、善知識といえども、私と阿弥陀仏との間に入る必要はないというのが法然の態度である。本地垂迹的なあり方が常識であった当時の顕密仏教界にあって、垂迹を飛び超えて直に仏と衆生が関わりを持つという宗教は、きわめて奇異に映ったに違いないし、顕密仏教側は違和感を覚えたのではないか。

ともかく、法然にいたってはじめて絶対的な宗教的権威と個人とが直接結ばれるという、一本筋のとおった宗教が日本に誕生したのであり、ここに法然仏教の特質を認めることができる。法然は神道と仏教との癒着にメスを入れ、日本にはじめて神道と隔絶した仏教を提示したといえよう。

宗教的差別の現状

ではふたたび、佐藤［二〇〇六］を参考にしながら、神祇不拝の問題を、当時の社会の文脈で考えてみよう。本地垂迹説は、当時の人々に難解な外来の宗教である仏教を日本古来の宗教と関連づけてわかりやすく伝えたという意味では一定の役割を果たしたが、信心とはまったく別の次元で人々の救済の差別化を生むことになる。

浄土への通路と考えられていた霊場や社壇浄土は多くの参詣者を集めたが、その一方で「女人禁制」により、性別だけをもって女性を聖地から閉め出した。日本には「血を不浄」とする観念があったので、月経や出産などで血と関わる女性は不浄と考えられたのである。

同様に、殺生を生業とする漁師や猟師も一般民衆よりは罪深い人間として聖地への立ち入りを禁止された。一般庶民にしても、霊場に参拝するにはそれなりの費用が発生するので、誰でも望めば霊場に参拝できるとはかぎらなかったのである。そう考えると、当時は、性別・身分・階層といった世俗的な差別がそのまま宗教的な差別とつながってしまう状況にあった。

これにくわえて大きな問題だったのは、経済的状況が救済に影響する点である。彼岸への回路としての垂迹の重視は、必然的に垂迹そのものの造立と荘厳を重んじる信仰態度を生みだした。信仰の数量化であるが、とりわけ重視されたのが仏像の制作である。仏像が浄土への案内人と見なされていたことはすでにみたが、そうなれば、その像は大きく豪華で、また数も一体よりは複数の方が安心できたに違いない。

そして、立派で豪華な仏像をたくさん造ると、今度はそれを収納するスペースが必要となる。こうして浄土教が浸透する院政期には、阿弥陀仏像を収める阿弥陀堂が各地に建立され、またその堂を飾る仏具や荘厳具も必要になると、それにかかる費用は膨れあがっていく。

その結果、「金で救済を買う」という状況が生まれてしまった。このような仏教で救済されるのは、ごく一部の皇族・貴族・豪族といった裕福な支配層の人間であり、大半の庶民は救済から除外された。「功徳を積むには金がかかる／貧乏人は救われない」というのが、当時の人々の一般的な認識だった。

こうしたなか、庶民にとって比較的アクセスしやすい場所が霊場であった。鎌倉時代になると、霊場信仰の高まりを受け、〝ミニ霊場〟ともいうべきスポットが新たに村落の周辺に造られていく。それは新たに造られた場所であるがゆえに、霊場の中核となる垂迹が必要となった。こうして垂迹のシンボルとして板碑《いたび》・五輪塔《ごりんとう》などの石塔が造られ、庶民のための新たな聖地が誕生する。

しかし、その板碑を建立するのは地域の領主層であるから、下層の庶民はその板碑に結縁するのが関の山であった。仙台市宮城野区岩切にある東光寺には多くの板碑があるが、そこには支配者が建立した大型板碑を、その支配下にあった住民の小さな板碑が取り巻いており、現世での身分秩序がそのまま信仰に投影されている。つまり、この世の差別が来世にまで持ちこされる結果となったのである。

法然仏教の社会的意義

このような当時の様子は、法然の目にどう映ったのであろうか。信仰の数量化という当時の状況を前提に、ふたたび『選択集』第三章の記述に注目してみよう。法然は阿弥陀仏が本願念仏を選択した理由を説明する際、「造像起塔・智慧高才・多聞多見・持戒持律」をもって本願としたなら、多くの衆生が救済から漏れてしまうと指摘していた。

『選択集』を他の文脈から切り離し、それ単独で理解すれば見過ごしてしまいそうになるが、ここでみた当時の「信仰の数量化」という状況をふまえれば、とくに「造像起塔をもって本願とすれば、貧窮困乏の人々は往生の望を断たれてしまうが、富める者は少なく、貧しい者は多い」という表現は、俄然、迫力を持ってわれわれに迫ってくる。つまり、これは単なる抽象的な記述ではなく、当時の具体的な状況（信仰の数量化）を法然自身が自分の眼で見、肌で感じとった末の記述と理解できるのではないか。法然の歎息が聞こえてくるようだ。

「造像起塔」は基本的に在家者を意図しており、数こそ少ないが富める者は存在したはずだ。では、出家者を意図している「智慧高才・多聞多見・持戒持律」の三つはどうか。法然は生涯独身を通し、「持戒清浄」で知られ、また自ら戒師となって九条兼実らに授戒もしていた（戒）。また三昧発得（精神集中による宗教体験）したとも言われているし（定）、「智慧第一の法然房」と言われるほど学識に優れていたので（慧）、法然は仏教の修道体系である「三学（戒・定・慧）」をすべて兼備していたことになる。

しかし、その法然が自分自身を「三学非器（三学の器に非ず）」と喝破した。厳しい自己省察の末の言葉である。その法然から見て当時の出家者はどのように見えたであろうか。「造像起塔」が抽象論ではなく、当時の状況をふまえた記述であるとするなら、「智慧高才・多聞多見・持戒持律」にも当時の状況が反映していると推測できる。

法然は自分を称讃したり、あらかさまに他者を攻撃することはなかったが、三学を兼備したと考えられる法然が自分自身を「三学非器」と認識したのなら、法然の目から見て当時の出家者はそれ以上に「三学非器」であり、「智慧高才・多聞多見・持戒持律」の者は「少ない」どころか「皆無」に見えたのではないか。ここには、当時の出家者に対する法然の皮肉が込められているようにも感じるのである。

聖者面していても、末法の世の出家者は、阿弥陀仏の〝絶対的善〟よりみれば、所詮「愚鈍下智・少聞少見・破戒無戒」であり、だからこそすべてが平等に救われる道として、法然は「選択本願念仏」を選び取った。性別を問わず、職業を問わず、貧富を問わず、また何より宗教的な能力を問わず、念仏という易行で平等にすべての人間が救済される道を法然は発見したのだ。

法然仏教は、本地垂迹説を温床として生じてきたさまざまな救済の差別化を一挙に解消する教えでもあった。法然の出現により、宗教は倫理の呪縛からはじめて解放されたと言えよう。

「現世の浄土」と「仏土」

それを神道と呼ぶかどうかは別にして、仏教伝来以前より日本には神祇崇拝があった。また仏教が伝来してからも、神仏習合により、仏教とは混淆したが、神祇信仰は従来とは形を変えて存続したので、日本の宗教史上、神祇信仰は疑うべからざる大前提として存在し、それが問題視されることはなかった。ところが法然の出現により、神祇崇拝自体が公然の問題となって顕在化する。

「神道」という言葉は外来の宗教である仏教を鏡として発見された言葉であることはすでに指摘したが、神国思想も法然仏教による神祇不拝の問題を契機に、その反動・対抗として展開していく。黒田［一九七五］に基づき、この問題を整理してみよう。

庶民の現実的な信仰レベルにあったのは、霊物崇拝や呪術的信仰である。庶民は神々の祟《たた》りを恐れつつ、しかもその霊験にすがらなければならなかった。日々の生活を幸せに過ごすためには、現世を擁護してくれる神、すなわち「擁護神」が必要だったのである。この「神」も内容はきわめて多種多様であったが、神国思想では、最高神ともいうべき神格が形成され、天照大神がその座に坐る。こうして、神はもはや神話や呪術の神々ではなく、汎神論的な霊物でもなく、唯一最高の絶対的神に昇華していった。

このような神格の成立とともに、その神が常住し支配する国土の観念が形成されていく。この場合の国土とは、具体的な「土」である。すなわち、近代的な主権国家ではなく、山川草木からなる「土地／地域」を指す。その意味では、神国は浄土に近くなるが、では神国は浄土の一種と考えられていたのだろうか。数ある浄土のうち、極楽浄土は、この世をはるかに超えた西方に存在し、しかも死んでから来世に行くべき場所であり、現世を擁護してくれる神がいる神国とは本来は相容れない。

しかし本地垂迹説により、神と仏が関係も持つことで来世の仏は現世の神に引き寄せられるし、一元論を特徴とする本覚思想の力を借りれば、本来は隔絶した来世と現世は互いに距離を縮めていく。こうして、中世には「現世の浄土」なるものが想定されるようになった。つまり、神国は後世善所を保証する「現世の浄土（＝地上の天国）」にほかならないと考えられたのである。

さきほど、社壇（特定の神社の境内）や霊場が極楽浄土への通路として機能したことを述べたが、「現世の浄土」は「現世こそ浄土」と説かれるようになった。

ここまでは信仰の話であるが、平安後期から鎌倉にかけて、権門寺社が所有する寺社領や荘園が「仏土」と見なされるようになると、これはもはや信仰上の問題ではなく、政治的なイデオロギーを背景として考え出されたもので、庶民を荘園に呪縛する装置として機能することになる。ここにくさびを打ち込んだのが法然仏教であった。章をあらため、この点をくわしく考えてみよう。

（八）釈衆を損ずる失――破戒行為を恐れない専修念仏者が横行しているが、これは仏法を破滅させる原因となる。

（九）国土を乱る失――仏法と王法は一体であるべきだが、他宗を嫌う専修念仏者の思い通りになれば、天下の仏事が停止されて国土は乱れ、法滅の原因ともなる。

第六章　社会変革をもたらした法然仏教

七箇条制誡

これまで見てきたように、法然仏教は思想面でさまざまな新機軸を打ち出し、そのことが顕密仏教側との間で大きな軋轢《あつれき》を生んだ。これが思想上だけの問題なら仏教内部のゴタゴタで話はすむが、『興福寺奏状』は「法然の教えに国土を混乱させるような過失がある」というのであるから、穏やかではない。

なぜ日本仏教に新たな思想を確立した法然仏教が、〝仏教内部〟に留まらず、〝国土〟を乱すことになるのか。ここにも、法然仏教の特質が潜んでいる。本章の主題は法然仏教が〝社会全体〟に与えた影響を考えることだが、その前に「釈衆を損ずる失」を取りあげ、まずは〝仏教界内部〟への影響についてまとめてみよう。

前章で見たように、法然は念仏のアイデンティティを変更し、それによって従来の念仏の価値観を反転させてしまった。これにより、「念仏だけで往生できる」という教えは、「念仏で往生できるなら、悪は往生の妨げにならない」と誤解され、悪を助長する畏《おそ》れも孕んでいたし、実際にそのような問題行動にでる弟子たちもいた。それが当時の仏教界で問題になったのである。

まず口火を切ったのは、比叡山の天台宗の僧侶たちだ。彼らは念仏の停止《ちょうじ》を求め、天台座主の真性《しんしょう》に訴えたが、これが元久《げんきゅう》の法難である。法然の教えもさることながら、まずは弟子たちの行動が念仏に対する弾圧の口実になっていたので、法然は門弟たちを集め、行動を自粛するように求めた。こうして作成されたのが、「七箇条制誡」であり、門弟一九〇名に署名を募り、真性に提出された。その内容はつぎのとおり。

（一）一句の文を知りもせずに、真言や止観を批判し、阿弥陀仏以外の仏や菩薩を誇ること

を止めること

（二）無智の者が、有智の者や専修念仏以外の行をしている人と好んで論争するのを止めること

（三）学問や実践を異にしている人に対し、愚かな偏った考えで、その教えを捨てるべきと称して、むやみに嫌ったり、嘲笑するのは止めること

（四）念仏門では、持戒は不要として悪業を勧め、持戒の人を雑行人《ぞうぎょうにん》と名づけ、悪行に耽《ふけ》り、阿弥陀仏の本願を頼む人は造悪を畏れてはならないと説くのを止めること

（五）教えの是非を判断できない愚者が、聖教を離れ、師の説に背き、勝手に自分の意見を述べ、いたずらに論争を企て、智者に笑われ、愚かな者を惑わせるのを止めること

（六）愚かな身で、ことさらに説教を好み、正しい教えを知らず、種々の邪教を説いて、智慧のない人々を教化するのを止めること

（七）自ら仏教でない邪教を説き、師の説といって偽るのを止めること

これは当時、そのような行動を実際にとる弟子たちがいたことを物語っている。弟子においてすらこの有様であるから、在家信者においてはなおさらだ。「私の教えに背き、勝手に妄説を教える者は国賊である」と、法然自身が誡《いまし》めている（この「七箇条制誡」は現在、京都の嵯

峨にある二尊院に原本が残っている）。

さてこの元久の法難は、いわば比叡山（天台宗）内部の問題だった。法然は天台宗の僧侶だったからである。そしてこれはさらに比叡山の枠を超え、八宗全体の問題へと展開していった。八宗全体とは当時の全仏教（顕密仏教）の問題であることを意味し、王法仏法相依論からいえば、これは仏教界のみならず、政治に関わる問題でもあり、つまりは日本国中を巻き込む問題へと発展していく。こうしたなかで作成され、院に提出されたのが『興福寺奏状』である。

選択本願念仏にたどり着いた法然だったが、念仏で往生できるからといって造悪をよしとしたわけでもなかったし、門弟に勧めたわけでもなかった。「（念仏すれば）罪は十悪五逆の者も生まると信じて、少罪をも犯さじと思うべし」（「一紙小消息《いっしこしょうそく》」）が法然の基本的な態度である。善人も悪人も平等に救われる法然の教えは素晴らしいが、その反面、誤解（あるいは曲解）されれば悪を助長する危険性も秘めていた。

古代から中世の政治と宗教

大きな政府と小さな政府という考え方がある。現代の日本では小泉政権が従来の大きな政府から小さな政府を目指し、公務員削減や郵政民営化を実施しようとした。それぞれ、メリットとディメリットはある。大きな政府は国が積極的にあらゆることに関与するので、国の細部にまで政府の目が行き届き、管理しやすくなるというメリットはあるが、一番のディメリットは膨大な費用がかかることになる。一方、小さな政府は国の関与を小さくするため、規制を緩和し、自由競争を促進するので、費用は削減できるというメリットはあるが、管理の目は行き届かなくなる。

ではこのような視点に立ち、古代仏教から中世仏教への変遷をまとめてみよう。仏教は平安中後期に質的に変化したが、その原因は律令制の崩壊にともなう国家の宗教政策の転換にあった。これが王朝国家体制である。規制緩和・民営化・地方分権へと、大きな政府が小さな政府へと転換したが、これが王朝国家体制の特徴である。

これにより、政治の宗教に対する管理は弱まったが、寺社は財政基盤を失うこととなり、自力での資金調達を余儀なくされた。こうして権門寺院は荘園経営や勧進に乗り出していく。まさに資金調達も厳しい自由競争の時代に入った。古代寺院は生き残りをかけ、貴族から民衆まで社会のあらゆる階層に働きかけていった。こうして仏教は従来の国家祈禱を離れ、個人の祈りの領域にも進出し、仏教の民衆化が加速していく。

王朝国家体制のもとで中央集権から地方分権に転換されると、地方への権限が委譲された結果、国衙《こくが》（今の県庁に当たる）が利権の巣窟となり、受領《ずりょう》と武士がそこに群がり、地方行政を食い物にしていく。百姓たちは朝廷にその悪政を訴えて抵抗したが、その受け皿となったのが顕密寺院の悪僧（武勇に秀でた僧侶）である。彼らは諸国を往還して地域社会の中に分け入り、国司や武士に対する民衆の不満を汲み取って、民衆運動を組織化していった（平［二〇〇一］）。また顕密仏教は、政治との関係を強化し、自らの立場を補強するため、「王法仏法相依論」で政治権力にすり寄り、また皇族や貴族から出家者を積極的に受け入れたことは、第一章ですでに述べた。つまり、顕密仏教時代、権門寺院が体制を維持し既得権益を守るための喫緊の課題は、一つには政治との強固な結びつき、そしてもう一つは安定した経済基盤の確保であったのだ。

いつの時代も権力を左右するのは政治力と経済力である。このうち、後者の「安定した経済基盤の確保」で重要なのが荘園経営であるが、ここに仏教がイデオロギーとして利用されることになる。

呪力による民衆支配

科学が発達した現代でさえ、心霊現象をテーマにしたテレビ番組はかなりの視聴率を稼ぎ、また占いの類は衰えをみせることなく、生活の隅々に浸潤している。受験生を持つ親はお守りを買い求め、その呪力にすがろうとする。とすれば、中世における呪力が圧倒的なパワーを持っていたことは想像に難くない。中世においても、農業は宗教と不可分であり、神仏に対する祈禱が生産（豊作か凶作か）を左右すると考えられていた。

こうした状況下、延暦寺や興福寺といった権門寺院は鎮護国家と五穀豊穣の祈りを担当し、民衆は祈りの世界の呪力に大きく依存していた。つまり、権門寺院による五穀豊穣の祈りは、民衆の要望に応えるものであった。ここに民衆と寺院との間にギブアンドテイクの関係が成立する。つまり、寺院は五穀豊穣の祈りを捧げ、民衆に便宜を図るのであるから、その見返りとして民衆は寺院に対して年貢を奉納せよというわけである。

地方の弱小寺院は国衙《こくが》や地方豪族の圧力から逃れ、所領支配の安定化を図るために、都市部の権門寺院の傘下に入り、本寺と末寺の本末関係を結んだ。これにより、権門寺院は中央に鎮座するだけではなく、地方の寺院との本末関係をもとにその影響力を日本の周辺部にまで及ぼしていったので、地方寺院は顕密仏教の毛細血管的な役割を果たすことになった。

顕密仏教というと貴族仏教とイメージしがちだが、実は民衆とも深く関わり、民衆的な要望をふまえた一種の公共的機能を祈禱というかたちで担っていた。そして、この機能こそが顕密仏教の支配体制を補完したのである。

こうして、ギブアンドテイクの関係に基づきながら、顕密仏教の僧侶たちは民衆を支配していく。一般に支配者と被支配者の関係は人と人との関係であるが、支配者が宗教者である場合、事情は大きく異なる。つまり、支配者側の僧侶や神官は人間でありながら、神仏という超越者の威を借りることになるので、僧侶や神官の命令は「人の命令」を超えて「神仏の命令」という色彩を帯びてくる。

　このような関係ができあがると、民衆を支配するのはきわめて楽だ。主導権を握っているのは領主側であるから、民衆がなすべきことは念仏でも読経でもなく「年貢を納めること」であり、年貢を納めれば極楽にいけるが、そうでなければ地獄に堕ちると民衆を脅すことができたからだ。つまり、領主に年貢を納めるという〝世俗的行為〟は、同時に神仏への奉仕という〝宗教的行為〟でもあるという二重性を孕むことになった。

　この背景には、前章でとりあげた「荘園は仏土」という論理があることも忘れてはならない。荘園での活動は仏土での活動であるから、年貢の奉納は仏への奉仕、逆に年貢の未納は仏に対する背反行為と位置づけられた。こうして、仏教思想は領主が庶民を支配するイデオロギーとして利用されていく。

　これでも充分悪質であるが、さらに質が悪いのは、僧侶が年貢を納めない（納められない）庶民に仏罰神罰が下るよう呪詛していたことだ。来世における堕地獄の恐怖をちらつかせ、現世の民衆を支配していたのであるから、来世の問題は現世の問題そのものだったのである。

　さらにもう一つ、顕密仏教側が民衆を呪縛する論理を紹介しよう。それは殺生罪業説と労働罪業説である。仏教は生き物の命を殺す殺生を禁じ、不殺生を説くが、顕密仏教はこれを利用し、狩猟・漁労・養蚕に加え、農耕・山林伐採・炭焼きまでも殺生とみなすにいたった。一見、農耕は殺生とは関係のないように思うが、田畑を耕せば、虫が死ぬという理屈である。

こうして殺生罪業説は労働罪業説へと変貌していく。つまり、農民はいかなる労働を行っても罪を得ることになるから、人々は寺社に結縁奉仕して贖罪《しょくざい》しなければならないと主張した。荘園でも耕せば虫を殺すことになるが、「荘園は仏土」であるから治外法権というわけだ。ずいぶん、都合のよい理屈である（平［二〇〇一］）。

イデオロギーをめぐる攻防

世の常として、支配者は少しでも多く搾取しようとし、被支配者側は少しでも年貢を減らして、余剰を留め置こうとする。そのような攻防の中、これまで説明してきた支配者側の圧力に、農民側がどう対抗したのか。佐藤［二〇一四］によりながら、当時の状況をまとめてみよう。

領主は神仏の威を借りて支配を貫こうとするから、それに対する農民の反抗もまた神仏に対する反抗という形態をとる。領主側は「荘園は仏土」という論理をふりかざし、住民を心身ともに寺の支配に縛りつけようとしたが、農民たちもしたたかだった。「仏に仕える者というなら、それだけの条件と身分を保障せよ」と領主側に迫ったのだ。

領主側の支配イデオロギーを一見は受け入れたかにみせながらも、それを逆手に取り、自分たちの権益を守ろうとした。これが中世成立期の〝合法的な〟農民闘争の最もポピュラーな形である。

これに対し、〝非合法な農民闘争〟もあった。合法的な闘争の場合、支配者側と被支配者側にとって神仏の威光を背景とする荘園支配の正当性自体は所与の前提として認められていた。だから、問題が生じても、ひとたび両者の間で和解が成立すれば、もとの状態に戻る。ちょうど、今の社会の「ストライキ」と同じだ。この場合は、荘園支配自体は問題視されない。

一方、非合法な闘争では、まさにこの前提こそが争点となる。つまり、荘園に君臨する神仏の権威自体が問題になるので、これは荘園体制の根幹ともいえる宗教支配の否定を意味し、結果として荘園体制の存続を危うくする問題に発展する。これは体制のあり方そのものを問う政治闘争であり、既存の秩序への正面からの反逆・革命であった。よって、このタイプの闘争は権力側から非合法化され、徹底的に圧殺された。

くわえて、当時の宗教事情からすれば、中世の庶民が神仏の存在を否定することは不可能であるから、闘争はおおむね合法的におこなわれた。

しかし、民衆が自らの権力に目覚め、さらにそれを拡大していこうとすれば、最終的には荘園を支配する神仏と対決しなければならなかった。神仏の存在自体を否定できない中世の庶民が、宗教的権威を楯にして支配を貫こうとする荘園領主に対抗するためには、既存の神仏に代わる新たな精神的シンボルが不可欠であった。彼らが荘園に君臨する神仏の呪縛から完全に解放されるためには、荘園鎮護の神仏を棄てて、別の宗教的権威に帰依する必要があったのである。

法然仏教のインパクト

もうお気づきだと思うが、このような圧政に苦しむ農民たちは、法然仏教の専修念仏の教え、およびその救済仏である阿弥陀仏に希望の光を見出した。

法然仏教と出会う前の農民たちが抱く仏のイメージ、それは多分に顕密仏教によって歪められたとはいえ、おおよそ「年貢を納めて義務を全うすれば、現世での利益と来世での往生を約束してくれるが、年貢を納めなければ、自分たちに恐ろしい仏罰を下し、祟りをなす存在」というものだった。これに比べ、法然仏教の「善人も悪人も、富者も貧者も、男も女も、ただ口に南無阿弥陀仏と称える称名念仏という易行のみで、みな平等に極楽往生できる」という教えは、彼らに無上の喜びを与えたに違いない。

専修念仏に帰入した人々は、既存の神仏に対する信を失うのみならず、その権威を否定することになった。これは顕密仏教からすれば、自分たちの神仏への奉仕を拒否することを意味し、それは領主への敵対のみならず、神仏の権威をイデオロギーの柱とする国家支配・荘園制支配そのものに対する明白な反逆を意味した。顕密仏教側からすれば、これほど都合の悪い教えはない。

だからこそ、阿弥陀仏以外の神仏を重視しない念仏者に対して、顕密仏教はもとより国家権力までもがヒステリックに反応し、異常な敵意を燃やして弾圧に奔走し、「国家を危うくする者」という非難の声を上げたのである。

このように、顕密仏教を含む当時の国家権力と法然との間に繰り広げられた相克は、単なる思想や信仰レベルの対立ではなく、支配体制の存亡にかかわるものだった。このような時代背景を考慮すれば、『興福寺奏状』の「国土を乱る失」には、顕密仏教や国家権力の悲痛な叫びや、法然仏教に対する激しい憤りの情を読み取ることができよう。

ともかく、圧政に苦しんでいた彼らが法然の教えに希望を見出すことで、蓄積されていた負のエネルギーは一気に放出されことは容易に想像できる。鬱積していた分、それが解放されたときのエネルギーは計り知れない。よって、経典を燃やしたり、仏像を破壊するという極端な行動に出た者もいたようで、これは「釈衆を損ずる失」にも反映されている。だから余計に法然の教えは、支配者からすれば目障りであり、耳障りであったと考えられる（佐藤［二〇一四］）。

法然仏教がもたらしたもの

法然は荘園体制を崩壊させるために選択本願念仏説を唱えたのではなく、宗教的平等性を徹底的に追求した結果、たどり着いた先が選択本願念仏説であった。しかしこの教えは、支配者のイデオロギーに呪縛され、荘園体制下に絡め取られた農民たちを〝結果として〟解放する教えとなった。

しかも、世俗の価値観では、搾取する領主と搾取される農民の主従関係は覆しようがないが、法然仏教によれば、農民も領主も阿弥陀仏の前ではまったく凡夫として平等になる。この平等性にも、法然仏教が農民をはじめとする庶民に支持された要因がありそうだ。

そう考えると、法然仏教にはすべての人間を平等にとらえる特徴があり、ここに法然仏教を「社会性」から捉え直すという視点が生まれてくる。法然は善導の本願念仏説を選択本願念仏説へと展開することで、事実上、諸行を否定し、往生行として阿弥陀仏が選択した称名念仏の一行を選び取った。諸行を否定し、往生行を称名念仏に一元化したことは、往生する主体である衆生の機根（能力）も「凡夫」に一元化される。

従来の仏教では機根に差があるから、それぞれの衆生に見合ったさまざまな行（諸行）にも存在価値があったが、法然仏教はこれを根底から覆した。この点も批判の対象となるところであり、『選択集』を強烈に批判した明恵《みょうえ》も『摧邪輪《ざいじゃりん》』で「すべての衆生を劣根の凡夫に一元化するとはけしからん！」と非難している。

顕密仏教は機根の多様性を認めるので、表面上はおおらかで寛容な宗教にみえる。一方、法然仏教は機根を凡夫に一元化し、それ以外のあり方を認めないため、排他的で不寛容に見え、「偏執」とも称されるが、その内実は大いに異なる。顕密仏教が機根の多様性を認めるのは、インドのカースト制度と同じく、それが僧侶（勝根）をはじめとする体制側の身分を保障し、住民（劣根）の支配を正当化できるからだ。

したがって、温厚に見える顕密仏教もひとたび自分たちの地位を保全する考えに異を唱える者（法然はその典型例）が現れれば、それを徹底的に排除し、弾圧を加える攻撃性を持つ。一方、過激で偏執とみなされる法然仏教の内実は、すべての人間を平等に見なし、万人に救済の可能性を認める包容力と、弱者に対する優しい眼差しを持っている。

機根の多様性を認めるか否かは、人間をどこから見るかによる。人間の側から見れば、人間の能力は千差万別であるのは確かだが、仏（とくに阿弥陀仏）の側から見れば、その差は無きに等しいものである。法然の視点は常に阿弥陀仏の側にある。念仏を選択するのも人間ではなく阿弥陀仏であるから、人間観も法然の視点は阿弥陀仏の側にあったはずだ。こうして救済の対象も「凡夫」として一元化され、その一元化された凡夫はみな、念仏で平等に救済されるというのが法然仏教なのである。

とするなら、衆生は念仏で往生し、みな極楽に往生するという〝来世〟での宗教的平等性の担保は、現世では凡夫としてみな同じという〝現世〟での宗教的平等性の担保を意味する。平［二〇〇二］は、「法然が追求したのは来世の平等ではなく、現世の平等でした。往生行をもっとも低劣と見なされている者に一元化すれば、現世の宗教的平等性を主張することができる、ここに法然の最大の思想的発見があります」と述べている。何度も言うが、これを可能にしたのは、仏の側から人間を見る視点であった。

法然仏教は、〝個人〟が念仏を称え、死んでから〝来世〟に極楽浄土に往生するという教えであるから、どうしても視点は個人や来世に注がれがちだが、法然仏教がこの世で生きる人間がみな凡夫として平等であることを唱える教えでもあるから、個人を超えて社会全体も視野に入ってくるので、〝今世〟や〝社会〟という側面も無視できない。だからこそ、法然仏教は荘園体制そのものにも揺さぶりをかけ、圧政に苦しむ農民を解放する教えとしても機能したが、この問題は終章で再び取りあげる。

宗教とは何か

さてここで、あらためて法然仏教の宗教性、あるいは宗教の本質について考えてみたい。この作業により、法然仏教が従来の仏教と宗教性において何が根本的に違っていたのかが判明するだろう。手がかりにするのは、西谷啓治の『宗教とは何か』である。

　私自身、本書を大学四年生のときに購入し、文字どおり〝格闘〟しながら読んだ思い出がある。三〇〇頁ほどの分量だが、読み終えるのに一週間を要し、譬喩《ひゆ》ではなく、まさに読んでいて「頭痛がした」が、自分なりに咀嚼《そしゃく》し終えたとき、これも譬喩ではないが、宗教の意味が「腑に落ちた」のを覚えている。

　書名は「宗教とは何か」であるが、西谷は冒頭で「「宗教はわれわれにとって、何のためにあるか」という問いは、宗教の本質からいって、問いとして間違っている」という。もうここで躓《つまず》いてしまった。この問いのどこがいけないのか。誰でもが発する問いではないか。この問いに基づいて、多くの宗教学者は宗教の定義を考えてきたはずだ。なのに、それは問いとして間違っているという。

　しかし、ここにこそ宗教の本質が隠されている。その間違った問いを破るには、「われわれ自身が何のためにあるか」という問いを立てなければならないと西谷は言う。私なりにこれを解釈すれば（間違っていないことを祈る！）、「われわれ自身が〝絶対なるもの（人間を超越したもの）〟に対して、いかにあるべきか」と言いかえてもよいだろう。

　宗教の定義は宗教学者の数だけあると言っても過言ではないが、〝人間を超えた存在（絶対者）〟と〝人間（相対者）〟との関係を基軸にしていることは、数ある定義の共通項としてある。

そして人間を超えた存在との関わりの中で、現実の人間のあり方に何らかの変化が生じる。この変化は「アイデンティティの変更」と言ってもいいが、私はこれを「自己の相対化」と表現する。

こうして人間の生が根底から更新されることで、人生の根本問題が解決され、人生を有意にとらえ直すことができる。ここに宗教の本質を認めることができるなら、さきほどの問題は氷解する。

つまり「宗教はわれわれにとって、何のためにあるか」という問いは、その問い自体がすでに〝自己中心性〟を含んでいる。「われわれ」を円の中心に置いて宗教を周辺に追いやり、「宗教って何なの。何かいいコトしてくれるの。信じて得するなら信じでもいいけど、そうでないなら信じないよ」という自己中心性を言外に含んだ問いなのである。

しかし、宗教は円の中心に自己を超えた存在を置き、それによって自己を相対化する。人間は中心から円周に場所を移動しなければならない。だから、「人間を超えた存在にとってわれわれの方がどうあるべきか」が問われなければならないのである。宗教は自己中心的な人間のあり方を問題にし、その自己を相対化するので、かならず自己変容を伴う。

キリスト教であれば、中心に位置するのは神（あるいは神の子イエス）であり、その神に対してわれわれがどうあるべきかが問われる。仏教の場合はどうか。本質的には神の存在意義を認めない仏教において、中心にすえるべきは「法（真理）」（この場合の「法」は「法身《ほっしん》」としての仏も含まれる。阿弥陀仏もその本質は法身であるが、浄土宗学では「報身」と理解される）であり、これによって自己を相対化するのである。

仏教の中でも浄土教（法然仏教も含めて）は阿弥陀仏が中心に坐り、その阿弥陀仏にとってわれわれがどうあるべきかが問われることになる。つまり、自己変容を伴うのが宗教であり、自己がすべての中心に坐り、したがって自己変容を伴わず、かえって自己のエゴが肥大化するようなあり方は、宗教とは正反対なのである。

また、宗教のもう一つの特徴として、宗教と倫理の問題も考えておこう。両者の関係についてては定説があるわけではないので、私見を述べる。倫理を無視した宗教はないので宗教は倫理を含むが、倫理からこぼれ落ちる人を救うのが宗教であるから、包含関係でいえば、宗教が倫理を含み込み、したがって宗教は倫理から漏れる人を救うために、倫理とは違った価値基準を提示することになる。

この世では、善人が辛酸をなめたり、悪人が楽を享受など、倫理を超えることが頻繁に起こるが、このような不合理な現実に対し、倫理はあまりに無力である。倫理を超える事態には倫理を超える価値、すなわち宗教で対応するしかない。ここに宗教の存在意義がある。

従来の仏教と法然仏教の宗教性

そもそも、日本には為政者の思惑のもとに仏教が将来された。第一章で見たように、国家主導で仏教は日本化していくが、初期は個人の宗教というより、国家の体制維持に利用された。よってこの時代の仏教は国家仏教と呼ばれ、また国家を護る目的で仏教が利用されたので、鎮護国家の仏教とも言える。

平安時代になると、南都の六宗に天台宗と真言宗が加わり、それが当時の仏教の主流を占めるが、これは顕密仏教と言われる。この時代、確かに仏教は国家レベルの仏教から庶民の信仰に関与する仏教へと変容していくが、本書で見たように、仏教は顕密体制維持のためのイデオロギーに利用され、仏教が民衆化した分だけ余計に体制派のイデオロギーは民衆を縛る結果となった。

ではこのような仏教のあり方を、先ほど確認した宗教の定義に照らしてみよう。法然以前の仏教は国家のエゴや体制のエゴを増大させる道具にしか過ぎず、宗教本来のあり方とはほど遠い。とくに荘園体制の維持に利用された仏教は、領主のエゴを満足させるために利用され、領主の自己変容などかけらもない。

これと比較するとき、法然仏教の宗教性は明らかだ。法然は円の中心に阿弥陀仏をすえ、それによって人間すべてを凡夫として円の中心から円周に追い出す。凡夫はいくら増えても心配ない。円は無限大であるから、凡夫の数が増えれば、円を大きくすればよい。しかも中心は不動で変わらず、円が大きくなっても、中心（阿弥陀仏）と円周（衆生）との距離はすべて等しい。つまり、衆生は阿弥陀仏にとってみな平等（同じ距離）であり、中心と円周は念仏ですべてつながる。円と円周との間に余分な存在は介在しないし、介在させる必要もない。荘園領主も善知識も必要ないのである。

仏教が日本に上陸してから、多くの日本人が仏教と縁を結び、宗教体験をしたり、覚りの境地に達した者もいたであろう。その意味で、法然を待たずとも、本来的な意味で宗教としての仏教を体験した日本人はそれなりに存在したと推測される。しかし、その体験や考えを教義として言語化し体系化して、社会に大きな影響を与えた人物は、おそらく法然が日本で最初の人物ではなかったか。

また、宗教と倫理の問題に関しても、法然仏教は従来の仏教と一線を画していた。さきほど、宗教は倫理を包含すると指摘した。善をことごく実践し、悪をすべて抑制できる人に宗教は必要ない。問題は、それを実行できない大多数の人だ。廃悪修善《はいあくしゅぜん》が評価基準なら多くの人間は救われないので、宗教はそれとは違う基準を提供する。

法然仏教は、阿弥陀仏に対する信心や、仏の命ずる念仏を実践することをその基準として提示した。この基準に従うかぎり、廃悪修善という倫理や、すでに積み重ねてしまった悪業は問題にならない。阿弥陀仏と個人との宗教的な関係が絶対視されると、その他のことはすべて相対化されてしまうのである。

さきほど、顕密仏教に歪められてはいるが、当時の人が抱いた仏のイメージとして、「年貢を納めれば往生させてやるが、納めなければ仏罰を下す」という内容を紹介した。これぞまさに〝宗教の仮面をかぶった倫理〟であり、本来の宗教性とはほど遠い。

このような法然仏教が本来的な宗教性を具え、個人の枠を超えて、その思想が言語化・体系化されたとき、国家・体制・領主のエゴを中心に据えた旧来の仏教は法然仏教に大きな危機感を覚えたに違いない。それは、国家・体制・領主の存在意義そのものを覆す思想的パワーを持っていたからだ。法然仏教は社会を変革する力を持ち、だからこそ当時の国家は法然仏教の弾圧に踏み切ったと考えられるのである。

日本初の禁書『選択集』

嘉禄《かろく》の法難では法然の『選択集』が発禁処分を受けて、朝廷によってその印刷の版木が押収されている。近世ならともかく、日本の古代中世で禁書処分を受けたのは、『選択集』が日本初であると、平［二〇〇二］は指摘する。

世界的に見て、禁書の理由は一つではない。その書の存在が、宗教的タブーに抵触するような場合、赤裸々な性描写によって風紀を乱すと判断される場合、そしてその国を支えているイデオロギーや体制に大きな損害を与えるような場合など、さまざまだ。しかし、いずれにせよ、その時々の権力〔国家・宗教団体・権力者個人など〕がその力を行使して強制的にその著書の出版や販売を禁止する行為であることは間違いない。

『選択集』の場合、法然仏教が当時の経済基盤である荘園制を揺るがす危険思想と見なされたために禁書処分を受けた。法然自身は末法の時代の時機相応の教えを追求して専修念仏に辿り着き、衆生を凡夫として一元化しただけだが、それは結果として荘園制の存続を危険にさらすことになったのである。

法然も自分の思想が当時の社会に与える影響を目の当たりにするにつけ、選択本願念仏の危険性に気づき、その真髄を著した『選択集』はかぎられた弟子にしかその書写を許さなかった。また『選択集』の最末尾で、「この書を一度見た後は、壁の底に埋めて窓の前に残してはならない。〔本書を読んで〕念仏の教えを謗る人が、悪道に堕ちるのを恐れるからだ」と述べ、その閲覧には慎重に慎重を期している。

このような状況から判断すれば、法然自身も、また当時の体制派の人々も、専修念仏の影響力の大きさをともに自覚していたのであり、それほどまでに法然仏教は日本中世の社会体制を揺るがすほどのインパクトを秘めていたと考えられるのである。

終章　法然と大乗仏教

大乗仏教

ベトナムの禅僧ティク・ナット・ハン（一九二六～）は、被災者や難民の救済をはじめとし、数々の利他行（社会福祉活動）を行い、エンゲイジド・ブディズムを提唱した。これは「行動する仏教／社会参画型の仏教」とも和訳される。日本の宗派仏教が世襲制度と檀家制度に胡座《あぐら》をかき、本来の利他行を忘れたかに見える現状に世間から厳しい批判が浴びせられる昨今、現代の日本仏教はティク・ナット・ハンの提唱したエンゲイジド・ブディズムを無視しては先に進むことができない。

そこで終章では、彼岸主義（現世〔此岸〕を厭離《えんり》し、来世〔彼岸〕の極楽往生を欣求《ごんぐ》すること）に立つ法然仏教が、現世での利他行を推進するエンゲイジド・ブディズムとしての大乗仏教でありうるかどうかを検証し、本書のまとめとする。では本題に入る前に、仏教の歴史の中でも利他行を特徴とする大乗仏教についてまとめておこう。

仏教の開祖はブッダである。彼は人生の根本問題（生老病死）に苦悩し、その苦から解脱する道を求めて出家すると、ついに真理（法）に目覚めて苦から解脱し、自利を成就した。しかし彼はそれに満足せず、自ら目覚めた真理を他者に説き、他者を苦から解脱させた（利他）。ブッダは他者を幸せにすること（利他）がそのまま自分の幸せ（自利）であると考え（自利即利他）、死ぬまで伝道布教の生活に専念したのである。

そう考えると、最初に成就した「自利」と自利即利他の「自利」は内容が異なる。前者の自利はいわば利他のための準備的な自利、そして後者の自利は利他に裏打ちされた高次の自利と言える。

板前を例に、この問題を考えてみよう。まず一人前になるためには、修業に出て、包丁の研ぎ方から魚のおろし方まで、さまざまな技術を習得しなければならない。これが利他のための準備的な自利である。そして一人前になったら、今度は自分で店を構え、それまでに培った技術をフルに活用して客を喜ばす（利他）。客の「美味しかった！」という一言は、利他であると同時に、「この仕事をしててよかった」という、利他によって裏打ちされた〝高次の自利〟でもある。

したがって、利他行は「自己犠牲」とはまったく違うことに注意しておかなければならない。他者に対して何かする場合は、自己を犠牲にしているように見える。しかし、利他行は自ら進んで、「それをやるのが楽しみである。なぜなら人が喜んでくれたら、私も嬉しくなるから」という気持ちで行うが、自己犠牲は「私はいやだけど、やればいいんでしょ。それによって他者が幸せになっても、私はちっとも嬉しくない」という気持ちが背後に潜んでいるからだ（やや極端な言い方だが）。

序章で縁起の説明をしたが、自己と他者も紙の裏表のような〝即〟の関係にあるので、自己と他者とは切り離して考えられず、自己を真の意味で幸せにしようとすれば、他者を幸せにしなければならなくなる。自己犠牲には、自己と他者とが縁起の関係あることがまったく意識されていないといえよう。

それはともかく、仏滅後しばらくの間、このブッダの自利即利他の精神は忘れられ、出家者は自らの修行に打ち込むという〝自利〟に重点を置いたので、相対的に〝利他〟の側面は後退した。その反動としてインドに登場したのが大乗仏教である。大乗仏教はブッダの生き方を自らの模範とし、他者を幸せにすることを自らの幸せとしたのであった。そう考えると、大乗仏教は社会性を強く意識した仏教と言える。

大乗仏教徒の行動規範は六波羅蜜《ろっぱらみつ》である。布施・持戒・忍辱《にんにく》・精進・禅定・智慧の六つであるが、このうち、布施（施しをすること）と忍辱（耐え忍ぶこと）の二つは初期仏教の実践項目である八正道《はっしょうどう》（正見・正思・正語・正業・正命・正精進・正念・正定）にトレースできないもので、いずれも〝対社会的項目〟であり、ここに大乗仏教の社会性が如実に表れていると言えよう。

このような理念を掲げた大乗仏教にはさまざまな教えが誕生したが、その中の一つが浄土教だ。浄土教といえば、日本・中国的色彩の濃い仏教と思いがちだが、その淵源はインドに遡る。よって浄土教も大乗仏教の支流の一つであるなら、社会性のある仏教であるはずであり、また自利即利他を意識した仏教でもあるはずだ。日本に将来された仏教のほとんどは大乗仏教の系統に属するので、日本仏教もこの伝統を継承していなければならない。この点をつぎに確認してみよう。

日本仏教に見る利他行

国家主導で日本化した仏教の主流は、本来的なあり方とはほど遠い様相を呈していたが、個々人の働きとしては見るべきものもあり、仏教本来の使命を果たしている真摯《しんし》な僧侶もいた。ここでは仏教の社会性を問題にしているので、「社会福祉」あるいは「社会福祉事業」を「利他行」と一括りにして表現する。念仏の布教も利他行には違いないが、ここでは念仏以外の利他行を問題にしているので、これ以降、「利他行」という場合は、念仏の布教を含まないものとする。

まずは、奈良時代に活躍した行基《ぎょうき》を取りあげよう。聖武天皇の国家事業である大仏建立に際しては、勧進役に抜擢《ばってき》され、大僧正に任命されたが、その表舞台の華々しさとは裏腹に、行基は庶民の目線に立ち、架橋・築道・灌漑《かんがい》・施薬院（庶民救済施設）を設置するなど、数々の地道な社会事業を実践した。また畿内には行基を開基とする寺院も多数あり、民間布教に力を注いだので、行基菩薩とも称された。

平安時代になると、阿弥陀聖《あみだひじり》と呼ばれる空也《くうや》が登場し、さまざまな利他行を行った。彼は国分寺において正式に出家する前から独自で修行し、道を開墾したり、橋を架けたりし、また曠野の死骸を火葬して、念仏を称えもした。出家後、空也は市中を乞食《こつじき》し、貧民には施物を与え、井戸を掘ったり、獄舎に塔婆を立てたりしたのである。

最後に、鎌倉時代に登場した叡尊《えいそん》について紹介する。彼は忍性《にんしょう》とともにハンセン病患者の救済に尽力したことでも知られ、ボランティアのさきがけと考えられることもある。叡尊は東大寺戒壇で受戒（これが正式な受戒）し、密教僧としてスタートしたが、密教僧が堕落している姿を見て、その理由を破戒（仏弟子にあらざる行為）に見出し、正式な仏弟子になろうという意識から戒律復興に目覚めた。後に叡尊は、正式ではない自誓受戒《じせいじゅかい》（自ら仏菩薩の前で誓いを立てる受戒）を行ってもいる。

戒律を遵守することは、伝統的には二五〇の戒律を受け、その遵守を誓うことを意味するので、覚りに向けて自己の行動を厳しく制御する禁欲的なイメージがあり、それは自己の覚りのみを目指す自利的な営みに映る。しかし、その戒律を重視した叡尊がなぜ社会福祉的な利他行に専心したのか。それは、彼が自誓受戒した戒律が菩薩の三聚浄戒《さんじゅじょうかい》だったからだ。

三聚浄戒は、大乗仏教の時代に伝統的な二五〇の戒律に代わって登場した新たな大乗独自の戒である。その内容は摂律儀戒《しょうりつぎかい》（悪を廃すること）、摂善法戒《しょうぜんぼうかい》（善を行うこと）、そして摂衆生《せっしゅじょう》戒《かい》（衆生を利益すること）である。つまり叡尊は、摂律儀戒と摂善法戒は言うにおよばず、摂衆生戒の実践として利他行を行ったのであり、同じ戒律でも伝統的な戒律遵守と大乗仏教の戒律遵守では、その行動が大きく異なることがわかる。

彼は宇治橋を修造するとともに、宇治川の網代《あじろ》を撤廃し、漁具を水底に埋め、漁師たちに殺生禁断を実行させた。叡尊はこれによって職を失った漁師たちに茶の栽培を勧め、これが宇治茶のもとになったと言われている（松尾［二〇〇四］）。

浄土真宗の利他行

さて、浄土宗の利他行を考える前に、浄土真宗の利他行についてみておこう。現世での利他行という点では、浄土真宗も同じ問題を抱えているからだ。いや浄土宗以上かもしれない。

真宗では「還相廻向《げんそうえこう》（極楽往生を果たした者が再び穢土《えど》に還《かえ》って衆生を救済すること）」を重視

する。これを使えば、利他行はたやすく導けるが、しかし、還相廻向は死後、極楽に往生してからのことであるから、この世で暮らすわれわれの沙汰するところではない。これについて竹村［二〇一五］は、「元来、還相は浄土に往生してから以降に初めて使える言葉だから、親鸞の立場の場合、往生即成仏以降に実現することである。ではこの世において、信心が定まった者には、どのような利他行が発揮されてくるのか。しかし真宗ではこの世での利他行は言わないようであり、これが真宗の大きな課題だ」（取意）と指摘する。

とくに真宗には絶対他力の立場に立ち、自力を徹底的に否定するから、ボランティア活動なども同様に「自力の慈悲」として否定される。「ボランティア活動は聖道門《しょうどうもん》の慈悲だから謹むべきだ／真宗はただ念仏だから、ボランティアによる支援活動は非真宗的だ」など、「親鸞の教えに反するから」という理由で、ブレーキがかかることがあるという。このような態度に異を唱えるのが木越［二〇一六］だ。大谷大学で教鞭をとる木越は、学生とともに東日本大震災にボランティア活動に出かけた経験を踏まえ、また自らが専門とする真宗学の知見も駆使して、反論を試みる。

そのポイントは「罪福信」と「宿業」の二つであるが、まずは罪福信から説明しよう。これは「罪と福とを信じる」というのであるから、「善因楽果・悪因苦果」を信じて仏道修行をする、一見すればまっとうな見解だが、『歎異抄《たんにしょう》』において、それは否定される。なぜなら、罪福信の者は、結局は仏の教えではなく、自らの利害・恣意に基づいて念仏し、仏の真実を実は理解していないからだという。「自力の念仏」とでも言うべきか。

また、本願に甘えて（本願ぼこり）悪を行うこと（造悪無碍《ぞうあくむげ》）こそが往生浄土の正因と考える者も問題だが、そのような造悪無碍の者を知ったかぶって批判する者（後世者《ごせしゃ》ぶる者）も親鸞は否定する。「ボランティア活動は聖道門の慈悲だから謹むべきだ云々」と主張する者は、まさにこの「後世者ぶる者」に相当するというわけだ。

つぎに宿業の問題。『歎異抄』にもあるように、しかるべき業縁が催せば、人間は頭の理解とは別に体が反応し、思いがけない行動をとる。いかなる人間もすべて過去の業（宿業）に支配されているからだ。したがって、理性では分かっていても悪を犯してしまうし、逆に困っている人を見れば、頭の判断とは別に体が先に動き、結果としてボランティア活動に身を投じる者もいる。

これを木越は「情動」と呼び、このような情動はまさに宿業のなせる業であるから、浄土教的（あるいは親鸞的）人間観に立てば、その活動を「自力の慈悲だ」と指弾することは、まさに「後世者ぶる者」となる。

ただし木越は「だから積極的にボランティア活動を推進すべきだ」とも言わない。弥陀の本願に帰依するのがすべてであり、あとはみな「業報」にまかせるというのが木越の立場。ボランティア活動を「する／しない」は本人の宿業次第ということになる。問題は、教えを行動規範とし、ボランティア活動を「しなければならない／してはいけない」と判断を下すことである。

木越は「むすびにかえて」で清沢満之の「天命に安んじて人事を尽くす」を引用するが、まさに天命に安んじた（＝安心を獲得した）後の人事の尽くし方は、宿業に応じて人それぞれということになろう。

これは法然の「現世をすぐべきやうは、念仏の申されんやうにすぐべし」にも通ずるものがある。ボランティア活動を「する／しない」は「念仏の申されんやうにすぐべし」に資するかどうかであり、要点は「念仏すること」である。ボランティア活動が念仏に資するのであればすればよいし、資さないのであればしなければよい。

ただし、これが浄土宗の僧侶（出家者）となると、話は別である。なお、阿満［二〇一二］も、独自の視点から法然や親鸞の教えを「エンゲイジド・ブディズム」としてとらえなおそうとしている。

近代の浄土宗僧侶における利他行

法然浄土教では「念仏往生」が中心であり、重点は現世よりも来世に置かれる。念仏して来世に極楽往生を果たし、そこで修行して仏になることを説くので当然だ。『往生要集』の「穢土を厭離《えんり》し、浄土を欣求《ごんぐ》する（厭離穢土欣求浄土）」が端的に示すごとく、穢土である現世は厭うべき世であり、その現世で重要なのは「念仏すること」であるから、そこに社会福祉的視点、すなわち、貧者に施食《せじき》を与えたり、壊れた橋を修繕したり、ハンセン病患者を救済するような視点はない。真宗も同様に現世での利他行を積極的には説かないのは、先ほど確認したとおりである。

とくに法然は徹底した彼岸主義に立って専修念仏を勧めるが、念仏してもわれわれは直ちに浄土に往生するわけではない。死ぬまでは依然としてこの世で生きていかなくてはならない。では残された人生を、死ぬまでどう生きればよいのか。

これについて、法然は具体的なことは何も言わない。あるとすれば、先ほど紹介した「現世をすぐべきやうは、念仏の申されんやうにすぐべし」であろう。法然にとっては「念仏申すか申さぬか」がすべての価値基準となるので、「念仏が申せるように、この世を生きよ」が法然の答えである。しかしこの表現は非常に抽象的であるから、具体的にどう生きるかは個人の意思に任される。

では、そのような法然仏教を継承した浄土宗の僧侶は、利他行を行わなかったのかというと、決してそうではない。それどころか、刮目《かつもく》すべき実績を残した僧侶がいた。個人の意思に委ねられた「現世をすぐべきよう」の具体例として、明治期に活躍した三人を紹介しよう。

まずは渡辺海旭《わたなべかいぎょく》。東京浅草に生まれた渡辺は在家出身で、一八八五（明治一八）年に得度し、浄土宗第一期海外留学生としてドイツに留学すると、仏教研究や宗教研究に従事したが、在独一〇年の間に広く欧州の宗教事情や社会問題・社会事業に関心を示し、帰国後の仏教社会事業を生み出す原動力となった。帰国後、大学で教鞭を執る一方、深川に浄土宗労働共済会を設立した。これはドイツ的セツルメントで、下級労働者保護施設として日本における仏教社会事業の嚆矢《こうし》となった。また一九一二（明治四五）年には、仏教社会事業家同志と仏教徒社会事業研究会も設立している。

つぎは椎尾弁匡《しいおべんきょう》。彼は名古屋の円福寺（真宗高田派）の五男として誕生した。東京帝国大学に入学し、日本の宗教学研究の基礎を築いた姉崎正治の指導を受けた。大正大学の学長を歴任するなど学術面の功績もさることながら、彼の功績は共生会の設立にある。椎尾は浄土宗教学の近代化を図り、その思想理念として「共生」を掲げ、その共生思想の啓蒙や、それに関連する社会的実践活動を支える団体として設立されたのが共生会である。

会を立ち上げた背景には、第一次世界大戦を契機とした急激な好景気による国民一般の奢侈《しゃし》と、それとは裏腹の社会主義、労働運動を通じて煽られる社会不安、思想的動揺などがあり、それらを打開して、共生社会を創造する狙いがあった。これは浄土宗僧侶が中心ではあったが、その活動内容は、浄土宗の枠を超えて行われた新しい仏教運動の一つととらえることができる。最後は尼僧の颯田本真《さったほんしん》。三河に生まれた彼女は在家の出身だったが、得度して尼僧となり、一〇〇人を超える尼僧を養成した。前半は持戒堅固な尼僧として托鉢中心の半生を送るが、後半生は利他行一色に染まる。彼女は三五年の間に、津波や地震で被災した二三県一五〇余町村に足を運び、被災者に衣類や金銭を施して窮民を慰問しつづけて、救助六万余戸、巡教十万余戸に及ぶ。これにより、「布施の行者」と称されるようになった（浄土宗大辞典編纂実行委員会［二〇一六］）。

浄土宗の利他行

このように、徹底した彼岸主義に立つ法然仏教を受けた明治期の浄土宗僧侶は、来世での往生を願い、自分の殻に閉じこもって念仏の生活に終始したのではなく、現世で娑婆社会に積極的に分け入り、瞠目《どうもく》すべき利他行に専心した。このギャップをどう考えるべきか。その理由を私なりに推察する。

理由はいくつかあるが、まずは知恩《ちおん》から報恩《ほうおん》への移行（あるいは諸行の復活）が考えられる。念仏によって往生極楽の保証を得た者の中には、大いなる喜びを感じ、阿弥陀仏の恩を知った者もいたであろう。これが「知恩」である。そして阿弥陀仏の恩を知った者は、その恩に何らかの形で報いたいと感じたはずだ。それが「報恩」である。その報恩の具体的な形が利他行となって現れたと考えられよう。

第一章で、三重の選択を考えた際、「いったんは捨てられた諸行は、念仏の獲得後は助業として復活する」と指摘した。彼らの行為はまさにこれに相当する。念仏行者となった彼らにとって、諸行（この場合は社会福祉や社会事業などの利他行）は見事に復活している。念仏行者となった後に復活する諸行は、念仏知恩の〝余勢〟と言えよう。

ただし、念仏に帰依した者がみな、知恩から報恩へと移行するわけではない。ここで再び、念仏と利他行の関係について考えてみる。念仏さえしていれば、利他行に従事していても問題ない。というか、大いに称賛できる生き方である。問題は、念仏して利他行を実践しない場合と、念仏せずに利他行を実践する場合である（念仏も社会福祉的な実践もしない人は論外なので省略）。

前者の場合、念仏の行者がみな、救済された喜びを感じるわけではない。『歎異抄』には、念仏しても心から喜びが湧いてこないと嘆く唯円《ゆいえん》に対し、それが煩悩のなせる業で、だからこそ往生は確定していると親鸞が説く場面がある。

このように、念仏の行者になっても往生確定の喜びが湧かず、それゆえに報恩へと踏み切れないことは大いにあるし、それは問題ない。木越の指摘にあったように、われわれは宿業に支配されているからだ。また往生だけを問題にするならば、後者は認められないことになるが、それが〝悪〟であるはずがない。往生できないだけのことである。

問題はこれを在家者に限るか、あるいは出家者にまで拡げるか、である。ブッダ以来、出家者と在家者には大きな違いがあった。出家者は覚れるが在家者は覚れないのである。しかし浄土宗の場合、事情は異なる。法然仏教は在家者も出家者も平等に念仏往生できると説く。つまり往生に関して出家者も在家者もまったく差がないのだ。とすれば、浄土宗において出家者の存在意義は何か。それは利他行しかない。なぜか。これには受戒が深く関係している。

浄土宗では一人前の僧侶になるための修行を「加行《けぎょう》」といい、これを成し遂げることで一人前の僧侶になるが、その最後で宗脈と戒脈が伝えられるので、加行のことを伝宗伝戒道場とも言う。伝宗とは一宗の根本義を伝えること、伝戒とは浄土宗に伝承されている戒、すなわち円《えん》頓戒《どんかい》を伝えることであるが、この円頓戒の内容こそ、先ほど取りあげた三聚浄戒なのである。ということは、浄土宗の在家信者はともかく、浄土宗の出家者は菩薩として積極的に利他行を行わなければならない。そうすることを仏前で誓っているからだ。

他者に対して念仏の教えを説き、また念仏の余勢として利他行を実践し、他者の幸せに貢献することを自らの喜びとするという「自利即利他」の大乗精神こそが、浄土宗僧侶の存在意義である。

善導の書に「自信教人信　難中転更難　大悲転仏化　真成報仏恩（自ら信じ人をして信ぜしめることは難事の中でも更《さら》にいっそう難事であるが、大悲を以て伝え、普《あまね》く教化することは、本当の意味で仏の御恩に報いることになる）」という偈文《げもん》がある。これを私なりに解釈すれば、「自信（自ら信じる）」は在家信者の立場だが、出家者はそれに加えて「教人信（人を信じさせる）」という利他行が求められ、そしてその利他行の実践こそが「真の意味で仏の恩に報いる」となる。

真宗から「浄土宗は不徹底」と揶揄されることの一つが、この受戒である。念仏往生や専修念仏を説きながら、受戒をしているからだ。しかし、この受戒は決して〝往生のため〟ではなく、出家者の〝資質〟に関与するものである。だから真宗とは違って、浄土宗の出家者は明確に利他行を「しなければならない」のである。ただしこれは「菩薩行（自利即利他）」の実践なので、利他は自利（自らの喜び）として実践されなければならない。よって、渡辺海旭らは菩薩として真摯に三聚浄戒を実践したとも言えよう。

法然仏教の〝理念〟

現代では、日本の各宗派が各宗独自の社会福祉や社会事業を展開している。宗派仏教に厳しい眼差しが向けられる現在、各宗は社会に認知されるため、また社会的責任を果たすため、生き残りをかけて必死である。

そして、そのような活動に宗派の独自色を打ち出そうとすれば、宗祖の思想に基づいた〝理念（根拠）〟や〝行動原理（動機づけ）〟はあった方がよい（なくても「やるべきことは当然やる」という姿勢も潔いが）。では、浄土宗の場合はどうか。ここでは、「理念（法然の人間観）」と「行動原理（伝戒）」の両面からこの課題にアプローチしてみよう。まずは理念である法然の人間観から。

現在、浄土宗では、社会福祉推進の根拠を、先ほど紹介した「異類の助業」に求める見方がある。異類の助業とは念仏以外の諸行を指すが、当然のことながら社会福祉活動や社会事業は念仏ではないので諸行に分類される。それは往生のためにいったんは否定されるが、念仏の獲得後は復活するので、そこに社会福祉推進の根拠を見出そうとする考え方であり、さきほど言及した「知恩から報恩へ（諸行の復活）」がそれに当たる。

しかし、同類ではなく異類、しかも正定業ではなく助業であれば、法然の中心思想の末端の、そのまた末端にその根拠を求めることになり、積極的な根拠とは言いにくい。そこで私は、「異類の助業」ではなく、「衆生の一元化」という法然の人間観に注目する。

第六章で、平の指摘「法然が追求したのは来世の平等ではなく、現世の平等でした。往生行をもっとも低劣と見なされている者に一元化すれば、現世の宗教的平等性を主張することができる。ここに法然の最大の思想的発見があります」を紹介したが、まずはここに利他行（社会福祉）推進の理念を求めたい。

彼岸主義に立つ法然仏教は、「念仏さえすれば、誰でも等しく来世で極楽に往生できる」と説き、〝来世〟での平等性を確保した。しかし、その前提は「現世では、みな等しく凡夫である」という衆生の機根の一元化であり、これにより〝現世〟での衆生の宗教的平等性が確立されることになる。

これはキリスト教の平等思想にも通じるものがある。キリスト教では神が人間を創造したと説くので、神に創造された人間には、区別はあるが差別はなく、みな平等のはずであり、ここに西洋における人権の平等の起源があると言われている。このキリスト教の人間観に基づき、西洋では選挙における一人一票の制度が誕生した。

これと同様に、日本で初めて〝来世での平等思想〟のみならず、〝現世での平等思想〟を確立したのが鎌倉期の法然と言えよう。この法然の人間観を、浄土宗のエンゲイジド・ブディズムの基礎に据えてみたい。

法然仏教の〝行動原理〟

そして次は、その理念を実現するための行動原理が必要になるが、それは伝戒に求めることができる。浄土宗の伝戒は円頓戒、すなわち三聚浄戒であり、その最後は摂衆生戒（利他行）

であった。法然が追求した「人間の平等性」が損なわれているような事態に対しては、その解消に向けて積極的に関わっていくのが、三聚浄戒を遵守すると誓った浄土宗僧侶の〝あるべき姿〟であろう。

これについては齊藤［二〇一七］も、同じ問題意識から、三聚浄戒の中の摂衆生戒に浄土宗の戒の意義、および浄土宗がボランティアや社会福祉事業を推進する根拠を見出している。齊藤は浄土宗が「後生善処の念仏」を伝宗として、「現世安穏の円頓戒」を伝戒として伝えてきたところに、浄土宗のバランス感覚の良さを見出し、浄土宗が現世を軽視し、来世のみに偏重した宗教ではないことを強調している。

ただ、ここで忘れてはならないのは、「人間の平等性」といっても、人間の側ではなく、（阿弥陀）仏の側からそれを追求しなければならないということだ。人間の側からみた平等性は、ともすれば〝人間中心主義〟を脱しえず、人間を相対化できない。仏教は人間の命も動物の命も平等にみなす視点を持つ。（阿弥陀）仏の側から人間を相対化する視点がないと、それは「単なる社会（福祉）事業」となってしまい、浄土宗があえてそれを追求する意味はないだろう。

浄土宗僧侶はその法然の人間観に基づき、三聚浄戒を遵守し、凡夫であることを〝言い訳〟にせず（しかし、凡夫であることを絶対に忘れず）、自利即利他の大乗精神を自覚して、その潜在力を顕在化できるかどうか、そこが問われている。法然仏教がエンゲイジド・ブディズムとしての評価を得るかどうかは、法然自身の思想性以上に、法然の意思を継ぐ浄土宗僧侶の〝志〟にかかっている。他宗も状況は同じであろう。

このように、「法然の人間観」と「伝戒の精神」を組み合わせれば、来世での往生を説き、現世での生き方は「念仏を申されんやうにすぐべし」としか説かなかった法然仏教は決して現世と無縁の仏教ではなく、社会性のない仏教でもなく、むしろ現世の社会と深く関わりを持つ仏教であることが理解される。法然仏教のルーツがインドの大乗仏教にあることを忘れてはならない。

ここで私が提示したことはあくまで試論であり、問題がないわけではない。たとえば、法然が主張した平等性は〝宗教的〟平等性であり、〝社会的〟平等性ではない。よって、両者を同一視することに論理の飛躍があるのは確かだ。しかし、宗教的平等性は人間の最も根源（深層／基底）の価値に関わるものであるから、それは社会的平等性の基底を形成するものであり、その意味で宗教的平等性は社会的平等性と連絡している。よって、法然の平等思想を敷衍《ふえん》すれば、宗教的平等性から社会的平等性を導き出すことも、あながち荒唐無稽なアイデアではないはずだ。

ともかく、これを機に浄土宗内はもちろん、日本の宗派仏教は、自宗のエンゲイジド・ブディズムとしての可能性を大いに議論すべきであろう。今後、浄土宗内で私の試論を補強・改善する論理が現れるか、あるいはまったく違った観点から新たな論理が形成されるのかは分からないが、ともかくこの提言をきっかけに議論が深まることを切望する。そのために、この私の試論が否定されるのなら、それは大歓迎である。

浄土宗を含め、岐路に立つ日本の宗派仏教に生き残る道を求めるとすれば、そのような議論の積み重ねこそがその突破口になるであろう。

おわりに

私は必ずしも霊の存在を信じる者ではないし、ましてや霊媒師でもない。というか、その方面の感性（霊感）は皆無だが、死者（故人）が現世の生者に力を与えうる存在であることは実体験として確信している。

幸いなことに、これまで何冊か著書を出版する機会に恵まれたが、私は生粋の研究者ではないし、また研究に向いていると思ったこともない。真の研究者は、純粋なる探求心から研究を始め、そしてその成果を論文あるいは著書として自発的に世間に公表する。

それに比べ、私はどうか。研究に第一発見者の喜びがあるのは確かだが、私は生来のずぼらで、放っておけばその成果の公表も自発的に行うことはなかったであろう。その私がこれまで何冊か著書を公表できたのは、他者の力添え、とりわけ故人からの力添えによるところが大きい。では、本書は誰の力添えで公表できたのか。それは私の大学院時代の大先輩・榎本正明氏である。二年前、六〇歳の若さで遷化《せんげ》された。

というわけで、本書は大先輩の榎本氏に捧げたい。本人に対して呼びかけるときは「榎本さん」であったが、陰で同輩や後輩と話すときは「エノちゃん」だったので、ここではあえて親しみを込めて「エノちゃん」と呼ばせていただこう。

エノちゃんとの最初の出逢いは、私が大学一年生、エノちゃんが大学四年生のときだった。当時の大学生の御多分にもれず、私も大学入学時に体育会系クラブの強引な勧誘に遭い、合気拳道部に勧誘され、クラブボックスに〝監禁〟されていた。そのとき最上級生として同部に君臨していたのがエノちゃんだった。体格はガッシリとし、声もドスがきいていて、恐ろしい存在に見えたが、強制的に入部させられることはなかった。

そして時は過ぎ、大学院に進学すると、エノちゃんは博士課程に〝いた〟。やはり恐ろしい存在であり、飲み会では体育会系のノリで必ずモノマネ芸を強要されたが、いかつい体格に似合わず、心根の優しい先輩で、後輩の面倒見は抜群によかった。下宿が近かったせいもあり、エノちゃんの下宿で鍋を囲んだり、よく飲みにも連れて行ってもらった。

互いに大学への就職を果たしたが、社会人になってからもたいへんお世話になり、弟のように可愛がってもらった。また互いに家庭を持ってからは、家族ぐるみでお付き合いする間柄だった。そのエノちゃんが一昨年、膵臓ガンで亡くなった。

気づいたときガンはもうかなり進行し、入院してから二カ月ほどで天寿を全うされた。死期を覚ったエノちゃんは、私を含め親しい仲間を病院に呼び寄せてくれたが、そのときのエノちゃんはひどく痩せ、声のドスも消えていて、かつての〝勇姿〟はみる影もなかった。しかし、優しい目差しは以前のまま、いや以前にもまして慈愛に満ちていた。別れ際、その目から大粒の涙がポトリポトリと落ちては純白のシーツに滲んで消える。そのとき、エノちゃんはどんな気持ちだったのか。訃報を受けたのは、その三日後だった。

『ブッダと法然』（新潮新書）を上梓し、さらに法然仏教を私なりに評価し直したいと考えていたとき、エノちゃんは娑婆世界に別れを告げた。エノちゃんの名前は「正明」だが、「正しく明るく」以外に、エノちゃんを正確に描写する表現は見当たらない。曲がったことは大嫌いの正義漢で、辛いときにも明るさを決して失わない。

そしてこの「正しさと明るさ」はまた、法然上人の人柄ではなかったか。法然上人は専修念仏こそが末法の世における時機相応の教えであると確信し、数々の法難に遭いながらも自らの教えの正しさを貫き、また数多の艱難辛苦を経験しながらも決して明るさを忘れなかった。豊満な体格もさることながら、この正しさと明るさが、法然上人とエノちゃんとをダブらせる。

浄土への往生を果たしたエノちゃんは今ごろ、極楽浄土で法然上人と出逢い、どんな会話を交わしているのだろう。いずれ私も、その会座に参加することになる（と思う）。ゴンさんもいるのかなあ。その折りには私も仲間に加えていただこう。

本書の出版にさいしては、創価大学教授・辛嶋静志氏および佛教大学教授齊藤隆信氏から、漢文に関する御教授をいただいた。とくに齊藤氏からは、それ以外にも随処にわたって有益な御示唆を数多く頂戴した。この紙面を借りて、衷心より謝意を表する。

さて今回は、齊藤隆信氏のお口添えで法藏館の田中夕子さんを紹介していただき、法藏館からの出版となった。京都で有名な老舗仏教書出版社から拙書を上梓できたことは、恐悦至極の思いで一杯である。両氏には心から御礼を申し上げる。ありがとうございました。

【俗名】榎本正明【法名】光蓮社豊誉上人念阿教道正明和尚【愛称】エノちゃんに、本書を捧ぐ。

令和元年五月九日（エノちゃんの三回忌の日に）

平岡　聡

主要参考文献ならびに引用文献

安達　俊英　二〇〇四「法然浄土教と本覚思想」『印度学仏教学研究』五二巻二号、四九五‐五〇一頁
阿満　利麿　二〇〇五『法然の衝撃――日本仏教のラディカル――』筑摩書房
――――　二〇一一『行動する仏教――法然・親鸞の教えを受けつぐ――』筑摩書房
石井　教道　一九六七『選択集全講』平楽寺書店
石上　善應　二〇一七『一百四十五箇条問答――法然が教えるはじめての仏教――』筑摩書房
石丸　晶子　一九八九『式子内親王伝――面影びとは法然――』朝日新聞社
上島　享　二〇一〇「仏教の日本化」（末木［二〇一〇、二〇四‐二四五頁］）
大久保良峻　二〇一〇「最澄・空海の改革」（末木［二〇一〇、一三八‐一九七頁］）
大竹　晋　二〇一八『大乗非仏説をこえて――大乗仏教は何のためにあるのか――』国書刊行会
大橋　俊雄　一九七一『法然　一遍（日本思想体系一〇）』岩波書店
沖本克己（編）　二〇一〇『興隆・発展する仏教（新アジア仏教史七　中国二）』佼成出版社
小谷信千代　二〇一五『真宗の往生論――親鸞は「現世往生」を説いたか――』法藏館
――――　二〇一六『誤解された親鸞の往生論』法藏館
香月　乗光　一九四九「浄土宗教判説の一考察」『仏教論叢』二輯、五五‐五八頁
門屋　温　二〇一〇「神仏習合の形成」（末木［二〇一〇、二五二‐二九六頁］）
木越　康　二〇一六『ボランティアは親鸞の教えに反するのか――他力理解の相克――』法藏館

北山　覚　一九七三「往生要集の人間観」『印度学仏教学研究』二二巻一号、一九三―一九六頁
久米原恒久　一九八九「『往生要集』に於ける五念門の歴史的意義再考」『印度学仏教学研究』三七巻二号、一六七―一七二頁
黒田　俊雄　一九七五『日本中世の国家と宗教』岩波書店
――　一九九〇『日本中世の社会と宗教』岩波書店
齊藤　隆信　二〇一七『円頓戒講説』佛教大学齊藤隆信研究室
佐藤　弘夫　二〇〇六『起請文の精神史――中世世界の神と仏――』講談社
――　二〇一四『鎌倉仏教』筑摩書房
浄土宗大辞典編纂実行委員会（編）　二〇一六『新纂浄土宗大辞典』浄土宗
末木文美士　一九九二『日本仏教史――思想史としてのアプローチ――』新潮社
――　二〇〇四「法然の『選択本願念仏集』撰述とその背景」（中井［二〇〇四、八五―一一〇頁］）
――（編）　二〇一〇『日本仏教の礎（新アジア仏教史一一　日本一）』佼成出版社
曾根　正人　二〇一〇「奈良仏教の展開」（末木［二〇一〇、九〇―一三〇頁］）
平　雅行　一九九二『日本中世の社会と仏教』塙書房
――　二〇〇一『親鸞とその時代』法藏館
――　二〇一七『鎌倉仏教と専修念仏』法藏館
竹村　牧男　二〇一五『日本仏教　思想のあゆみ』講談社
津田左右吉　一九五七『シナ仏教の研究』岩波書店
中井真孝（編）　二〇〇四『念仏の聖者　法然（日本の名僧七）』吉川弘文館

西谷　啓治　一九六一　『宗教とは何か（宗教論集Ⅰ）』創文社
袴谷　憲昭　一九九八　『法然と明恵――日本仏教思想史序説――』大蔵出版
平岡　　聡　二〇〇七　『ブッダが謎解く三世の物語（上）――『ディヴィヤ・アヴァダーナ』全訳――』大蔵出版
――――　二〇一二　『法華経成立の新解釈――仏伝として法華経を読み解く――』大蔵出版
――――　二〇一五　『大乗経典の誕生――仏伝の再解釈でよみがえるブッダ――』筑摩書房
――――　二〇一六　『ブッダと法然』新潮社
――――　二〇一八a　『浄土思想史講義――聖典解釈の歴史をひもとく――』春秋社
――――　二〇一八b　『浄土思想入門――古代インドから現代日本まで――』KADOKAWA
――――　二〇一九　『南無阿弥陀仏と南無妙法蓮華経』新潮社
深貝　慈孝　一九七八　「「偏依善導一師」について」『佛教大学研究紀要』六二号、一―三二頁
藤吉　慈海　一九九一　『颯田本真尼の生涯』春秋社
本庄　良文　一九八九　「阿毘達磨仏説論と大乗仏説論――法性、隠没経、密意――」『印度学仏教学研究』三八巻一号、五九―六四頁
――――　二〇一一　「経の文言と宗義――部派仏教から『選択集』へ――」『日本仏教学会年報』七六号、一〇九―一二五頁
――――　二〇一二　「『選択集』第二章における千中無一説――諸行往生の可否に関連して――」『佛教大学仏教学部論集』九六号、三一―四二頁
松尾　剛次　二〇〇四　『持戒の聖者　叡尊・忍性（日本の名僧一〇）』吉川弘文館

松本　史朗　二〇〇一『法然親鸞思想論』大蔵出版
蓑輪　顕量　二〇一五『日本仏教史』春秋社
三橋　　正　二〇一〇「院政期仏教の展開」（末木［二〇一〇、三〇四－三五〇頁］）
山本　伸裕　二〇一四『清沢満之と日本近現代思想――自力の呪縛から他力思想へ――』明石書店
吉川　忠夫　二〇一〇「隋唐仏教とは何か」（沖本［二〇一〇、一四－五九頁］）
吉田　一彦　二〇一〇「仏教の伝来と流通」（末木［二〇一〇、一六－八三頁］）

平岡　聡（ひらおか　さとし）

1960年、京都市生まれ。

佛教大学大学院文学研究科仏教学専攻博士後期課程満期退学。

ミシガン大学アジア言語文化学科に客員研究員として留学。

京都文教大学教授を経て、現在、京都文教学園学園長（2017年～）、京都文教大学学長（2014年～）、京都文教短期大学学長（2019年～）、博士（文学）。

【主要著書】
『大乗経典の誕生』（筑摩選書、2015年）
『ブッダと法然』（新潮新書、2016年）
『〈業〉とは何か』（筑摩選書、2016年）
『浄土思想史講義』（春秋社、2018年）
『浄土思想入門』（角川選書、2018年）
『南無阿弥陀仏と南無妙法蓮華経』（新潮新書、2019年）など。

法然と大乗仏教

二〇一九年八月三〇日　初版第一刷発行

著　者　平岡　聡
発行者　西村明高
発行所　株式会社　法藏館
京都市下京区正面通烏丸東入
郵便番号　六〇〇-八一五三
電話　〇七五-三四三-〇〇三〇（編集）
〇七五-三四三-五六五六（営業）

装幀者　高麗隆彦
印刷・製本　中村印刷株式会社

ISBN 978-4-8318-6067-5 C1015

鎌倉仏教と専修念仏　平　雅行著　九、〇〇〇円

鎌倉仏教形成論　思想史の立場から　末木文美士著　五、八〇〇円

浄土宗の展開と総本山知恩院　今堀太逸著　七、五〇〇円

浄土宗史の研究　伊藤唯真著作集　第四巻　伊藤唯真著　一三、一〇七円

源空とその門下　菊地勇次郎著　一〇、〇〇〇円

増補改訂　法然遺文の基礎的研究　中野正明著　一五、〇〇〇円

絵伝にみる　法然上人の生涯　中井真孝著　二、三〇〇円

法然の生涯　高橋良和著　六〇〇円

法然　世紀末の革命者　町田宗鳳著　二、三〇〇円

仏教史研究ハンドブック　佛教史学会編　二、八〇〇円

法藏館　価格税別